Streckenkarte des Hauptwanderwegs 5
Der Linienraster verweist auf die Topographische Karte 1:50 000

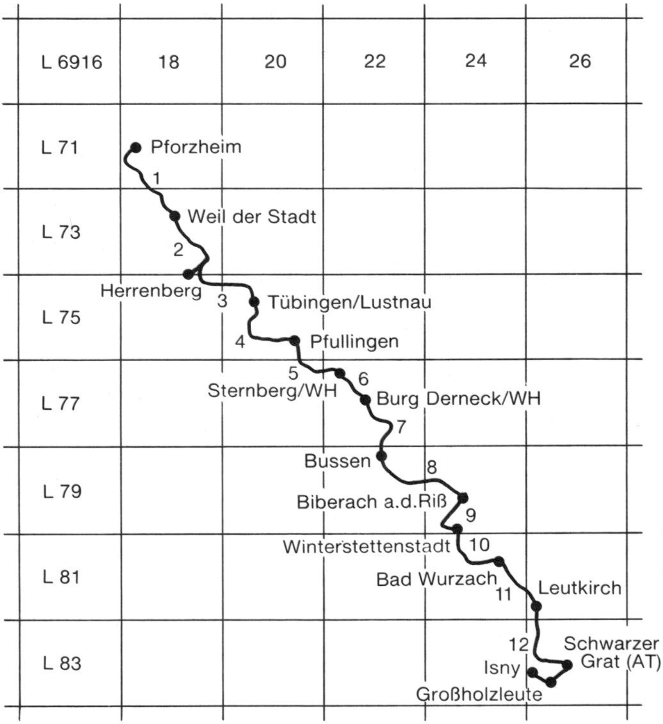

Zeichenerklärung für Roteindruck auf den Kartenausschnitten

———	Hauptwanderweg 5
✳	Aussichtspunkte
<u>Buchenberg</u>	unterstrichene Flur-, Gewässer-, Wald-, Landschafts- oder Siedlungsnamen; im Text verwendet
	Hauptwanderweg 5 und Schnitte mit Wanderwegen
△ ▲	Wanderheim, Jugendherberge

Abkürzungen:

AP, AT	Aussichtspunkt, Aussichtsturm
Grff., Grfsch.	Grafen, Grafschaft
Jh.	Jahrhundert
n, nö	nördlich, nordöstlich
N, NO, SO	Norden, Nordosten, Südosten
O, ö	Osten, östlich
S, sö	Süden, südöstlich
W, w	Westen, westlich
WW	Wanderwege

Die Kartenausschnitte sind mit Zustimmung des Landesvermessungsamts Baden-Württemberg u. des Bayerischen Landesvermessungsamts der Topographischen Karte 1:50 000 entnommen (Az.5.13/255).

Eine Übersicht aller Übernachtungsmöglichkeiten am Hauptwanderweg 5 kann vom Schwäbischen Albverein, Postfach 683, 7000 Stuttgart 1, bezogen werden.

Hauptwanderwege des Schwäbischen Albvereins

Willi Beck

HW 5 Schwarzwald
Schwäbische Alb
Allgäu

Herausgegeben vom
Schwäbischen Albverein e. V.

Konrad Theiss Verlag Stuttgart

CIP-Kurztitelaufnahme der Deutschen Bibliothek

Beck, Willi:
Schwarzwald – Schwäbische Alb – Allgäu / Willi Beck.
Hrsg. vom Schwäb. Albverein e. V. – Stuttgart:
Theiss, 1984.
(Hauptwanderwege des Schwäbischen Albvereins; HW 5)
ISBN 3-8062-0344-X

NE: Schwäbischer Albverein: Hauptwanderwege des
Schwäbischen . . .

ISBN 3 8062 0344 X
Gesamtherstellung: Ebner Ulm
Printed in Germany

Vorwort

Von Nordwesten nach Südosten gerichtet, verbindet der Weg den Schwarzwald mit der Schwäbischen Alb und dem Allgäu. Es ist ein Lehrpfad für landschaftliche Schönheiten und Gegensätze, für eine in viele Stufen aufgegliederte und aufgebrochene Landschaft. Der HW 5 zieht von den Buntsandsteinformen des Schwarzwaldes über die Muschelkalktreppen des Heckengäus, die bewaldete Hauptstufe des Keupers, den Trauf der Schwäbischen Alb, ihre verkarsteten Kuppen und Täler, ihren Südrand an der Donau, zu den stillen Wäldern, den einsamen Moorgebieten, den verträumten Weihern und Seen der Moränenlandschaft Oberschwabens bis zum Allgäu und der Adelegg, den Vorbergen der Alpen.

Der Wanderweg überwindet von Pforzheim (Kupferhammer) bis zum Aussichtsturm Schwarzer Grat (1118 m) einen Höhenunterschied von nahezu 900 m auf einer Länge von rd. 300 km. Er ist in 12 Tagesstrecken (zwischen 17 und 31 km lang) mit 24 Teilstrecken (Länge: 7 bis 16 km) gegliedert und im Gelände mit einem roten Strich auf weißem Grund und mit Wegtafeln herausgehoben. Alte Wegzeichen sind dort zu beobachten, wo Strecken alter Wanderwege sich mit dem neuen Weg decken. In der Karte wird nur das neue Zeichen dargestellt.

Wandern bringt Freude, schenkt Glück, entfernt den Alltag, räumt jedem die Chance ein, zu sich selbst zu finden, stärkt Körper und Seele. Es eröffnet jedem, der aufgeschlossen und zu entdecken bereit ist, nebenbei Einblicke in die Werkstatt der Kräfte, die Natur und Landschaft bewegen und gestalten, und zeigt die in den letzten 30 Jahren sprunghaft angewachsene Einflußnahme des Menschen auf diese Entwicklung. Fragen nach dem Aufbau, den typischen Merkmalen, dem Werdegang, der Geschichte und der zukünftigen Gestalt eines durchwanderten Landstrichs fordern Antworten heraus. Sie setzen uns in die Lage, an den Aufgaben teilzunehmen, die sich zwischen Pflege und Schutz von Natur, Landschaft und Umwelt bewegen. Das Bemühen, die auf einer Wanderung zusammengetragenen Bilder in Erkenntnisse, Urteile und Voraussagen umzumünzen, findet in der topographischen Karte eine wirksame Stütze. Wie vorzugehen ist, um ihre Darstellungen, Zahlen, Zeichen, Namen und die darin verschlüsselten Hinweise in Geschichte, Entwicklungsstufen, Formenmerkmale und Gestaltungszusammenhänge umzusetzen, sollen die Erläuterungen, die die 22 Karten begleiten, darlegen.

Den Wegbeschreibungen sind Hinweise auf historische Bauwerke mit Zeitdaten beigegeben, die das Geschichtsbild abrunden. Um Karte und Text schneller in Einklang bringen zu können, sind teilweise die textbezogenen Karteninhalte mit roten Linien hervorgehoben.

Da Auskünfte der Bürgermeisterämter (Unterkünfte, Kultur- u. Veranstaltungskalender, Öffnungszeiten, Führungen) den meisten Wanderungen vorangestellt werden, sind auf der Streckenübersicht auch die Postleitzahlen vermerkt. Auf den Einbau dieser Informationen in den Begleittext der Karten wurde verzichtet, da sie dauernden Änderungen unterworfen sind.

Besonderer Dank gilt der hervorragenden Arbeit der Gauwegmeister und Wegwarte des Schwäbischen Albvereins, die mithalfen, den HW 5 zu planen und die ihn innerhalb von zwei Jahren mit Wegzeichen und Wegtafeln im Gelände kennzeichneten. Dem Schwarzwaldverein wird für die verständnisvolle Zusammenarbeit und die praktischen Beiträge seines Bezirkswegewarts zur Strecke Pforzheim–Herrenberg gedankt.

Stuttgart, im März 1984

Willi Beck

1.1 Pforzheim–Steinegg

Länge: 14 km; Wanderzeit: 4 Stunden

Landschaft: Bei Pforzheim treffen Kraichgau, Neckarbecken und Schwarzwald-Randplatten zusammen. Diese sind auf der Karte teilweise dargestellt: Im W (oben links) die Enz-Nagold-Platte; linke Kartenhälfte, Nagold-Würm-Platte, rechte Kartenhälfte Hagenschieß. Die Nagold-Würm-Platte (NW-SO, um etwa 100 m ansteigend) hat 5 Rodungsinseln, in deren Mitte die einstigen Waldhufendörfer (Bauerngüter der Dorfstraße entlang gereiht, mit Streifenfluren und Wegen als Grenzen) Würm und Hamberg, Huchenfeld, Hohenwart und Schellbronn liegen. Der Wandel der einst rein bäuerlichen Dörfer zu Wohn- und Nebenerwerbssiedlungen hat den ehem. typischen Aufbau verändert und verwischt. – Tief, zwischen 100 und 200 m eingeschnitten, mit steilen Hängen und schmaler Talsohle, vielfach gewunden, siedlungsfrei, durch Straßen und Eisenbahnen günstige Durchgänge anbietend, sind die Täler der Nagold und Würm. Im Hagenschieß hat sich ein geschlossenes Waldgebiet erhalten. An der wichtigen, römischen Verbindungsstraße von Straßburg nach Cannstatt gelegen, hat sich an der Enzfurt eine römische Siedlung nachweisen lassen, die der Stadt ihren Namen gab.

Wegbeschreibung:

Vom *Hauptbahnhof* **Pforzheim** (80 % der Stadt 1945 durch Luftangriff vernichtet) zum schräg gegenüberliegenden Park mit Resten des zerstörten Schlosses (*Archivbau, Mauern, Turm*) und zur originalgetreu, nach 1949 wiederaufgebauten *Schloßkirche* (Begräbnisstätte der markgräflichen, später großherzoglichen Familie) über die *Karl-Friedrich-Straße* hinweg, auf der *Deimlingstraße*, am *Rathaus* und dem *Waisenhausplatz* (Stadtkirche) vorbei, bis zur Enzbrücke, dann links in der Emma-Jäger-Straße bis zur *Altstädter Kirche* (romanisches Langhaus, ruht teilweise auf römischen Fundamenten) und *Altstädter Brücke*, wo eine Tafel an der rechten Ufermauer der Enz auf *römische Furt* und Nachfolgebauten hinweist. An der *Enz* und danach an der *Nagold* flußaufwärts auf Gehweg (Werderbrücke und Jahnstraße, Zugang zum Reuchlinhaus mit Museum) bis nach **Kupferhammer** (Hotel, Gaststätte). Dort *Wegetafel des Schwarzwaldvereins*, »Pforte zum Schwarzwald« am Beginn seiner *3 Haupthöhenwege* Ost-, Mittel-, West-Weg. – Auf dem *Ostweg* (schwarz-rote Raute) geht es auf dem *linken Talhang* (sw) der *Würm* auf schönen Waldwegen durch Laub-, Misch- und Nadelwald zum Dorf **Würm** und über den Fluß, auf dem ö Hang zur **Ruine Liebeneck** (30 m hoher Bergfried und NO-Mauer aus dem 12. Jh. von 1968–1977 ausgebessert und erneuert; Rastplatz). Von dem schmalen Vorsprung über dem Würmtal, auf dem die Burg liegt, in Serpentinen steil bergab ins Tal, über die *Dollbronner Brükke* und den nahe gelegenen Wanderparkplatz, auf dem *Hamberger Heuweg* wieder auf den S-Hang, über den *Liebenecker Berg* hinauf nach **Hamberg**, das die alte Dorfstruktur (Streifenflur) erkennen läßt. Der WW ist selbst alter Grenzweg einer solchen Flur. Bis nach **Steinegg** (Burgruine, 12. Jh.) hat sich der Wald auf die Talhänge der Würm zurückgezogen. Im ganzen eine herrliche Tal- und Waldwanderung.

L7116 Karlsruhe-Süd
L7118 Pforzheim

1.2 Steinegg–Weil der Stadt

Länge: 14 km; Wanderzeit: 4 Stunden

Landschaft: S von Steinegg, etwa auf der Linie Neuhausen–Lehningen–Hausen heben sich auf der Karte durch die Bündelung der Höhenlinien deutlich zwei Stufen heraus. Die eine um 500 m und darunter, die andere um 550 m und darüber. Aus den Randplatten des oberen Buntsandsteins wechselt der Weg in die Oberen Gäue, ins Hecken- und Schlehengäu. Der Wald markiert die Stufenränder. Das Würmtal, bei Steinegg noch eng, tief, steil, wechselt zu einem allmählich breiten, flachen, bei Weil der Stadt über 500 m weiten Tal, durch das sich der Fluß in zahlreichen Wiesenmäandern schlängelt. – Stattliche Siedlungen ziehen sich am Sockel der Stufen und bis hinunter zur Talsohle des Flusses entlang. Den Übergang zum Muschelkalk mit einem schmalen, kaum 10 km breiten, nach S auskeilenden Streifen zeigen Steinbrüche, kleine Terrassen, Erdeinbrüche und Trockentäler. Die Endungen der Ortsnamen auf -ingen und -heim deuten auf frühe Siedlungen, die ältesten auf den ertragreicheren, leichter zu bearbeitenden, klimatisch begünstigten Böden: Münklingen, Merklingen, Weil der Stadt, Simmozheim. – Der Verkehr folgt den Tälern oder den Fußlinien der Stufen. Aus dem Grün der Wälder des Buntsandsteins tritt der WW auf die Stufenränder des Muschelkalks mit reizvollen Ausblicken und Waldwanderungen.

Wegbeschreibung:

Nach **Steinegg**, vom w Ortsausgang, auf *Ostweg* und *Gäurandweg* (schwarz-rote und grüne Raute) nach SO über Baumwiesen, Wiesen und Äcker, vor dem Wald, einem Friedhof entlang, durch Hochwald am Hang, bis zu einer Spitzkehre des Wanderweges nach S. Etwa 500 m danach nach einem mäßigen Anstieg trennen sich am Waldrand die WW. HW 5 und Gäurandweg führen über den *Welzgraben* nach S, der Ostweg zieht nach W zum Monbachtal. Von der Straße *Neuhausen–Lehningen*, fast in der Fallinie des Hanges hinauf, mit weiten Ausblicken auf die Wälder zwischen *Nagold* und *Würm*, das *Würmtal* und die Siedlungen auf den Hochflächen. Auf dem *Büchelberg* (550 m) Blick zum *Kuppelzen* (527 m mit Burgstall, 1570 erwähnt) auf *Gäue* und Teile des *Würmtales*. Beim Abstieg nur etwa 100 m auf Feldweg nach W bleiben, dann nach links abbiegen, durch das *Naturschutzgebiet* auf dem Sattel geht es über den *Landgraben* (ursprünglich Landes- und Markungsgrenze, im 17. Jh. unvollendete Verteidigungslinie) zum ummauerten alten Friedhof mit ehem. alter Kirche St. Jakob (1573 nach Münklingen verlegt). Von der Straße Münklingen–Neuhausen, hinauf zum Stufenrand auf die Höhe 573 n *Möttlingen* – Abzweigung Gäurandweg – zum *Köpfle* (576 m) und zum Bergsporn mit Ausblick sw *Merklingen* (spätgotische Pfarrkirche, bildete einst zusammen mit Steinhaus und Klosterhof, innerhalb von Zwing- und Ringmauern – um 1800 abgetragen – eine Kirchenburg, »Stadt« genannt), über den *Galgenberg* (487 m) – Westfuß mit Schützenhaus, ausgedehntem Erholungs- und Freizeitpark – nach **Weil der Stadt** (406 m). Die ehem. kleine Reichsstadt hat ihr mittelalterliches Bild in wesentlichen Teilen erhalten (Mauern mit Türmen, Hallenkirche St. Peter und Paul von 1492, Rathaus mit Bogenhalle, 1582, das Steinhaus, Marktbrunnen). Das Geburtshaus Johann Keplers ist heute Kepler-Museum.

Tiefenbronn
Steinegg
Neuhausen
Galgenberg
Mühlhausen
Lehningen
Hausen
Möttlingen
Münklingen
Heuberg
Merklingen
Weil der Stadt
Kuppberg
Pfädle
295
L7118 Pforzheim
L7318 Calw

2.1 Weil der Stadt–Ehningen

Länge: 15 km; Wanderzeit 4¼ Stunden

Landschaft: Das Würmtal beherrscht auch diesen Wanderweg. Im N wurde der Fluß begradigt, weiter s zeigt er zahlreiche Wiesenmäander, und gegen Ende des Weges beginnt das Tal sich wieder stark mit Talmäandern einzutiefen. Zwischen Albach und Aid gibt es Trockentäler, Erdfälle, versickernde Gewässer; Zeichen der Verkarstung im Hauptmuschelkalk. In den großen Steinbrüchen bei Ehningen, Darmsheim und Dagersheim wird der Kalkstein zu Straßenschotter, Pflastersteinen, Bausteinen, Wand- und Bodenplatten abgebaut. Das Gelände ist wellig-kuppig mit zahlreichen flachen Mulden und Tälern. Die früh gegründeten Dörfer liegen an den Gewässern, ihre Kerne auf hochwassersicheren Terrassen. Ein dichtes Siedlungsband erstreckt sich längs der Aid und der Schwippe. Das Tal der Würm bleibt siedlungsfrei.

Wegbeschreibung:

Von **Weil der Stadt**, Marktplatz, nach S in Richtung *Böblingen*. Nach der Stadtmauer 150 m auf der Straße nach *Ostelsheim*, dann nach links bergauf zur *Jugendbildungsstätte*, durch den Wald *Steckental* (Buchen, Eichen, Mischwald mit Kiefern), um den *Hackstberg* (499 m) mit Erholungsgebiet »Heidenreich« (Ausblicke auf Hekken- und Schlehengäu) führt der Weg in einem Bogen, oberhalb der Bahnlinie Stuttgart–Calw und über sie nach **Grafenau/Dätzingen** (Schloß, ursprünglich Wasserburg, 1607 von Johanniterorden zu vierflügeliger Schloßanlage umgebaut, klassizistischer Säulenvorbau von Thouret, 1812, Schloßgarten 1981 nach alten Plänen angelegt) und zur Straße Dätzingen–Ostelsheim–WW spart diese Straße wegen des Verkehrs aus und *umgeht das Schloß*. – Nach Überqueren der *Talaue der Würm* beginnt in **Burschelberg**, ö der *Stegmühle*, die Wanderwegstrecke im *Tal der Würm*. Blick auf *Döffingen* (1388, Graf Eberhard der Greiner schlägt die Truppen der Reichsstädte, Ulrichsdenkmal n des Ortes und ehem. befestigter Friedhof erinnern daran) und auf das *Schwippetal*. Am Fuß des *Baumberg* (483 m) zieht sich der Weg fast eben zum *Kienenberg* (485 m) – W-Rand und zu einem Orientierungsstein auf der Höhe des *Würmtalhofs*, der *Rundwanderwegen des Schwarzwaldvereins* gilt. Der wechselnde Baumbestand am Waldrand, die zahlreichen Hecken und die baumbestandenen Wiesen der Talaue mit Karstquellen an den Rändern, beleben das Bild der Landschaft. Nach dem *Dachsbau* (514 m) – W-Rand – liegt **Aidlingen** (Chor der Kirche mit einem Netzgewölbe – 1470 –, 1949 erneuert, Chorgestühl sehenswert) beidseits der Einmündung der *Aid* in die *Würm*. Über die Straße *Dagersheim–Aidlingen* strebt der WW über die Hochberghalde zum *Hochberg* (516 m). Von da Blick auf Gäu, den S-Teil des *Ballungsraumes Stuttgart* um *Böblingen* und *Sindelfingen*, den *Schönbuchrand* und die an seinem Fuß gelegenen *Dagersheim* und *Darmsheim*. Über den *Döffinger Pfad* gelangt man nach **Ehningen** (stattliche alte Fachwerkhäuser, Pfarrkirche aus dem 13./14. Jh., »Oberes Schloß«, eine um 1300 erbaute und 1755 umgebaute Wasserburg).

Kreuzweg
Mittelberg
Bloßenberg
Kappelesberg
Kettengrund
Stubenberghöfe
Ostelsheim
Sägewerk
Schafhausen
Dätzingen
Grafenau
Döffingen
Lehenweiler
Venusberg
Baumberg
Kapellenberg
Darmsheim
Deufringen
Aidlingen
Hochberg
Raigelwald
Ehningen
L7318 Calw

2.2 Ehningen–Herrenberg

Länge: 16 km; Wanderzeit: 4½ Stunden

Landschaft: Ein breites Siedlungsband in einer welligen Ebene, die Löß-Lehm überdeckt, zieht zusammen mit Trassen des Verkehrs vor einer von Ehningen bis Herrenberg zweigegliederten Stufe mit über 100 m Höhe. Sie kennzeichnet die Grenze zwischen Oberen Gäuen und Schönbuch, den Übergang von den weiten Ackerfluren zu den Keuperwäldern, die sich über die Stufenränder und Stufenflächen auf sandigen und mageren Böden des Stubensandsteins ausbreiten. Bei Herrenberg bricht die Stufe nach SO in einem scharfen Knick ab, wo sich die Schilfsandsteinterrasse als schmales Band bis Herrenberg vorschiebt. Die Höhen des Stufenrandes liegen über 500 m. Auf der höchsten Sandsteinfläche fehlen Siedlungen. Hildrizhausen liegt bereits auf der untersten Stufe des Schwarz-Jura. – Dort liegt auch der Würmursprung, jener Fluß, dem der Wanderweg von der Mündung in die Nagold bis hierher gefolgt ist.

Wegbeschreibung:

Vom alten Ortskern in **Ehningen** führt der HW 5 in einem Bogen nach O am »Oberen Schloß« vorüber, überquert s die B 14 (Ampel) und folgt auf einem Nebenweg etwa 400 m der Straße nach *Hildrizhausen*, schwenkt dann nach SO und benutzt den Durchlaß unter der Autobahn. Danach biegt er nach NO und geht in der *»Ketterlenshalde«* 800 m einer Stufe entlang (1. Stufe), nach NO. Dann wendet er sich und führt pfeilgerade durch den Wald (2. Stufe) zum *Egelsberg* (470 m, 3. Stufe). Dort beginnt der Lias. Wo die Straße *Ehningen–Hildrizhausen* (nahe Höhe 492) überschritten wird, kreuzt eine geologische Bruchlinie, der entlang die Gesteinsschichten abbrechen; wobei die nö gelegenen 50–100 m tief gesenkt sind. Der Blick nach S auf die *Lias-Bucht* mit *Hildrizhausen* (Pfarrkirche St. Nikomedes und Kirchhofmauer erinnern an ehem. Wehrkirche, in die die abgegangene Burg der Ortsherren integriert war, Pfarrhaus von H. Schickhardt entworfen, 1606). S der *Rohrauer Köpfe*, n *Rötelberg* (556 m) zielt der HW 5 nach SW und führt nach dem »Breiten Stein« und »Kalten Brunnen« durch eine romantische Umgebung (Brücke). Beim *Wanderheim* n des *Waldfriedhofs* trifft er auf die Straße *Herrenberg–Hildrizhausen*. Ein Waldsportpfad begleitet den Weg bis zur *Höhe 553* (AP und Rastplatz) an der W-Spitze des Traufs. Etwa 40 m tiefer auf der Schilfsandstein-Terrasse (Höhe 514) ist der HW 5 gleichzeitig *Waldlehrpfad* und später *geologischer Pfad*. Die Eichen am *Roten Meer* (Teuchelgrube = Frischhaltegrube für hölzerne Leitungsrohre; eingeschwemmter, feiner, roter Sand) liegen nahe einem großen Parkplatz mit Orientierungstafel. Eine bis zu 10 m mächtige Platte aus Schilfsandstein (Baustein Stiftskirche) hat den Auslieger *»Schloßberg«* vor der Abtragung bewahrt. Dort Rundblick auf Schwarzwald, Gäu, Baar und sw Schwäbische Alb. Durch die Mauerruinen der *ehem. Burg* auf Fußpfad steil hinunter (geologische Profiltafel) zur berühmten *Stiftskirche* (1979–82 renoviert) und zum *Marktplatz* in **Herrenberg** (unter der Burg – 1228 – halbkreisförmig im 13. Jh. durch Pfalzgff. von Tübingen angelegt; schöne Fachwerkbauten am und um den Marktplatz, Reste der Stadtbefestigung, Hacktor).

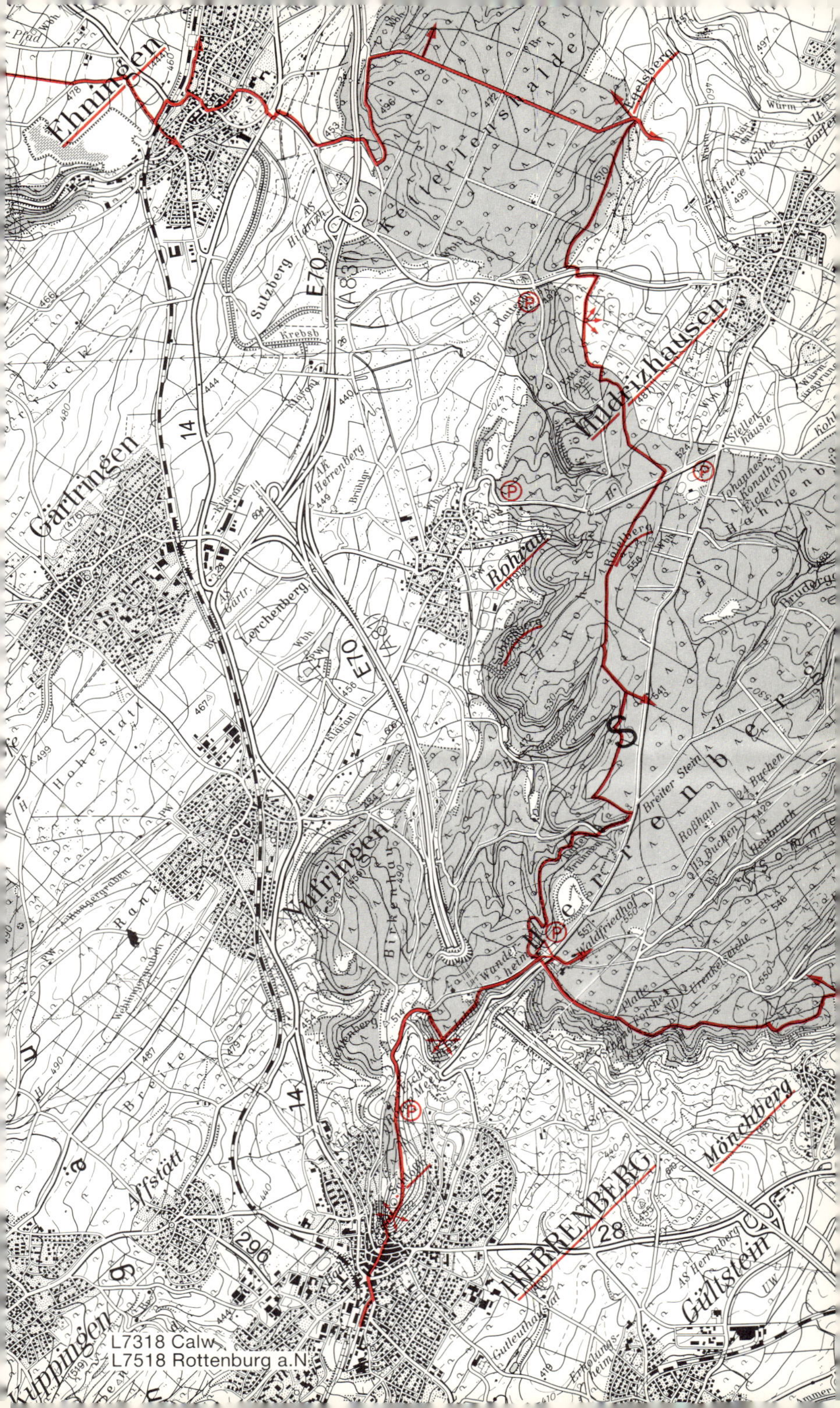

Ehningen
Gärtringen
Hildrizhausen
Rohrau
Nufringen
Schönbuch
Herrenberg
HERRENBERG
Mönchberg
Gültstein
Affstätt
Kuppingen
Kellerleshalde
Waldfriedhof
Breiter Stein
Roßhau
E70
(A81)
14
28
296
L7318 Calw
L7518 Rottenburg a.N.

3.1 Herrenberg–Hohenentringen

Länge: 16 km; Wanderzeit: 4½ Stunden

Landschaft: Der S- und W-Rand des Naturparks Schönbuch oder der Landschaft Glemswald und Schönbuch zieht sich als Traufkante des Keupers und Trennlinie zwischen Keuperwald im Schönbuch und den waldlosen Randzonen der Oberen Gäue markant vom oberen zum unteren Kartenrand. Den Aufschwung zur ersten, nur schmalen und in Inseln aufgelösten Terrasse des Schilfsandsteins bildet das breite Band des Gipskeupers (Gipswerke zwischen Kay und Altingen sowie Breitenholz und Entringen). Den schmalen Steilhang zum Trauf bilden die Bunten Mergel (zwischen Keuperrand und Ammer, Trockentäler, versickernde Gewässer, Brunnen). Die Ammer selbst ist ein von der Verkarstung des Gäus betroffenes Gewässer. Vom Trauf zur Ammer hin werden die Siedlungen größer und älter. Die Sandsteinhochfläche ist bewaldet, ohne Siedlung, durch Talkerben vielfach gegliedert (Sommertal, Talwiesenhau, Kayher Tal). Auf der Stirn des Stufenrandes Burgen und Schlösser. Straßen (B 28) und Eisenbahnlinie Tübingen–Herrenberg verbinden die größeren und kleineren Orte. – Die Grenze des Naturparks Schönbuch liegt unterhalb des Randes der Hauptstufe.

Wegbeschreibung:

Nach der Besichtigung des mittelalterlichen **Herrenberg** auf dem Rückweg vom *Schloßberg*, der bereits im Naturpark Schönbuch liegt, umfassender Blick auf Herrenberg, das seine alten Grenzen längst gesprengt hat. Inmitten von ausgedehnten Parkplätzen führt dann der HW 5 auf fast ebenem Waldweg zur *Platte* (555 m). Hier wie auf dem *Kapf* (567 m) erlauben hohe Wälder keine Tal- und Weitsicht. An der Straße *Mönchberg–Kayher Tal* liegt der *Steigplatz* (525 m) mit *Parkplatz Mönchberger Sattel* und Orientierungstafel. Dort schließen die WW nach *Hildrizhausen* und *Altdorf/Holzgerlingen* an. Nach mäßigem Anstieg geht die Wanderung durch das *Naturschutzgebiet* an zwei zeitweise bewirtschafteten, links und rechts des Weges stehenden Hütten vorbei. Beim Bergdorn *Grafenberg* (561 m) Ausblick auf die Gäuebene, das Vorland und den Trauf der sw Schwäbischen Alb. Dort, auf der Stufenkante, auf einem *Waldsportpfad*, weiter zu einem stillgelegten *Steinbruch* bis zum Haus am *Sportplatz* und *Jägergarten* (553 m). Dort Hinweis auf neue Steige zum *Kayher Tal.* Es folgt eine 2 km lange, gerade Wegstrecke mit *Schutzhütte* auf halbem Weg zur Linken, kurz zuvor *Rastplatz* in einer alten Sandgrube. Die auf einem Talsporn gelegenen Ruinen der **Burg Müneck** (543 m) sind kümmerliche Mauerreste.
Etwa 50 m unterhalb der Ruine eine deutliche *Terrassenzunge* des Schilfsandsteins. Sie liegt am Stichweg des *WW nach Breitenholz* (Gaststätten, Verpflegung mit einem senkrechten Wandaufschluß der *Gesteinsschichtung* am O-Rand). Auf halbem Weg zum *Schönbuchspitz* (545 m) überquert man die Straße *Breitenholz–Schönbuch* (Schutzhütte, Spielplatz, Wildgehege). Über *Pfaffenberg* (520 m) weiter zum **Schloß Hohenentringen** (510 m) mit AP und Gaststätte (Schloß von den 1075 erwähnten Frhh. v. Entringen erbaut, mehrere Besitzer, Weinbau bis etwa 1800, schon stark zurückgegangen).

Herrenberg
Gültstein
Mönchberg
Kayh
Breitenholz
Ammerbuch
Entringen
Affstätt
Kuppingen
Rohrau
Schönbuch
Stadtwald
Birkenhau
Hartwald
E70
(A81)
28
L7318 Calw
L7518 Rottenburg a.N.
L7520 Reutlingen

3.2 Hohenentringen–Tübingen/Lustnau

Länge: 11 km; Wanderzeit: 3¼ Stunden

Landschaft: Drei Landschaftsräume sind rund um diese Teilstrecke des WW erkennbar: Schönbuch mit Naturpark und dem Stufenrand ö und n der Ammer; die Keuperbucht mit dem Kern Österberg und Spitzberg; die Täler der Ammer mit Gäuausläufer, des Neckars und der Steinlach (im S am Schwemmbogen erkennbar) sowie des Goldersbachs. Die Waldbuchten um Hagelloch, Waldhausen und Pfrondorf haben fruchtbaren Boden. In Tübingen treffen sich die Bahnlinien von Herrenberg, Horb, Balingen und Stuttgart/ Reutlingen und kreuzen sich die Bundesstraßen 27 und 28. Über die Stufenränder an Ammer und Neckar weitet sich der Siedlungsraum von Tübingen nach N und S und in den Tälern nach W und O.

Wegbeschreibung:

Von **Hohenentringen** (510 m) mit *Parkplatz*, ein kurzes Stück auf der Straße *Entringen–Hagelloch*, an landwirtschaftlichen Gebäuden der Versuchsstation für Verhaltensforschung und dem Weiher vorbei, nach O, dann nach NO auf Wald- und Fußweg hinunter zum *Becklesgarten* im *Arenbachtal* mit Feuerstelle, Rastplatz und weiter an Spielplatz mit Liegewiese vorüber, zur Einmündung in das *Goldersbachtal*, zum *Schwefelbrunnen* und nach **Bebenhausen** (Klosteranlage 1187) mit doppelter, von Türmen überragter *Ringmauer* – zuerst Prämonstratenser, 1190 Zisterzienser, ist mit allen Nebengebäuden dank der mit der Reformation beendeten Bautätigkeit fast vollständig im ursprünglichen Zustand erhalten; um den Kreuzgang an der S-Seite der Kirche, 1188–1228, spätromanische, später gotisch veränderte *Pfeilerbasilika*, 1471–1496 *Kreuzgang*, im O *Kapitelsaal* mit *Johanneskapelle, Sprechhalle, Bruderhalle*, im S des Kreuzgangs *Sommerrefektorium*, 1335; im W *Winter- und Laienrefektorium, nach 1470; 1560–1807 ev. Seminar*, später *königliches Jagdschloß*. 1946–52 *Landtag von Südwürttemberg-Hohenzollern*; jetzt Sitz verschiedener Behörden und Außenstelle des Württ. Landesmuseums. Von **Bebenhausen** an liegt der Weg auf der O-Seite des *Goldersbach-Talgrundes*, am W-Rand von *Kirnberg* und *Hägnach*, im Wald oder an seinem Rand. Durch **Lustnau** zum Haltepunkt im Nekkartal. **Tübingen** (erste Siedlungen Jungsteinzeit; hallstattzeitliche Grabhügel auf der Waldhäuser Höhe, römische Straße Rottenburg–Köngen durch Ammertal und Stadt; *Burg Tübingen* 1050, 1180 Pfalzgff. v. Tübingen herrschten über eines der größten Gebiete SW-Deutschlands. 1342 kamen Burg und Stadt an die Grafen von Württemberg. Diese gründeten 1477 die *Universität*). Ein kurzer Rundgang durch die Stadt ist sehr empfehlenswert, zumal viele Bauten restauriert wurden. Von *Nekkarbrücke* zur *Stiftskirche* (1470–1483) mit Grabmälern, zum *Marktplatz* mit *Rathaus, Bürgerhäusern* und dem *Neptunbrunnen* von Heinrich Schickhardt (1617), nö davon das *kath. Konvikt* (ehem. Franziskanerkloster); s vom Marktplatz das *ev. Stift* (ehem. Augustinerkloster) zum *Schloßberg* mit *Schloß* und *Schloßkirche; altes Universitätsviertel* (w von Österberg an der Straße nach Lustnau) ist mit Bus von Lustnau aus zu erreichen.

HW3
Bebenhausen
Pfrondorf
Entringen
Hohenentringen
Hornkopf
Hagelloch
Waldhausen
Unterjesingen
TÜBINGEN
Lustnau
Österberg
Schweigbrühl
Ammern
Schwärzloch
28
L7518 Rottenburg a.N.
L7520 Reutlingen
HW3

4.1 Tübingen/Lustnau–Käpfle/Alteburg

Länge: 15 km; Wanderzeit: 4¼ Stunden

Landschaft: Von den Tälern von Ammer, Goldersbach, Neckar und Steinlach ragt der Keuperstufenrand bis über 100 m auf die Löß-Lehm-Liasfläche der Härten. Die gewellte, ziemlich ebene Löß-Lehm-Liasfläche der Härten (im Mittelalter ein Weidegebiet »uf den Herderen«, darauf weisen auch die Flurnamen Auchtert, Schwaige, Mark, Hart hin) zeigt ein offenes Höhenlinienbild, das in kleinen, parallel laufenden, von W nach O gerichteten Tälchen zurückschwingt. Sie ist von den Tälern der Steinlach, des Neckars und der Echaz umschlossen. Zentraler Ort war Mähringen, das mit Immenhausen, Ohmenhausen, Jettenburg und Wankheim eine Art eigenen Gerichtsbezirk bildete. Die Endungen der Ortsnamen bezeichnen die frühesten Siedlungen, Kusterdingen, Wankheim, Mähringen. S Ohmenhausen, dem Waldrand entlang zieht die Grenze zu den Braunjura-Vorbergen der Schwäbischen Alb.

Wegbeschreibung:

Nach dem Haltepunkt **Tübingen/Lustnau** richtet sich der Weg gerade auf den Fuß (319 m) des Stufenrandes, am Waldrand mit kleinem *Parkplatz*, in der Nähe einer großen Fabrik. Auf der alten *Ackersteige*, über die erste Stufe (etwa 50 m höher), zur *Hauptkante* (etwa 100 m über Ausgangspunkt) und zum Waldrand (Ausblick nach S zur Härten). Der leicht fallende Weg unterquert in einem Durchlaß, nahe dem Beginn der *Schinderklinge*, die B 28 und knickt sö von *Wirtsbühl* nach W in Richtung *Aspenhau* und zum Waldrand ab. Kurz nach dem Verlassen der Straße Wankheim–Kusterdingen öffnet sich ein Ausblick auf *Schönbuch*, *Goldersbachtal, Tübingen/Lustnau.* Bis *Hartwald* verläuft der Weg auf Keuper-Lias-Kanten, kürzt dort die Bergzunge in einem spitzen Winkel nahe *Steinstraße,* geht dann Richtung **Immenhausen** und entfernt sich kurz vor dem Dorf von der Traufkante. Durch Immenhausen über den *Herrlesbach* nach S ins Tal *Kalter Brunnen* und weiter zum *Bahnhof* **Mähringen**. Er liegt etwa an der Grenze vom Schwarzen zum Braunen Jura. Auf dieser Grenze durch und am Wald s **Ohmenhausen** entlang – nach Überquerung der stark befahrenen Straße nach *Gomaringen* – an Spiel- und Sportplatz, Gaststätte und kleinem Park mit Denkmal vorüber ins *Fürstbachtal.* Durch dieses Tal zwischen *Kreuzwald* und *Rainhau* aufwärts zum Sattel (515 m) dann nach SO zum *Käpfle mit ehem. Burg und AT* (Alteburg im 12. Jh., ersetzt durch Neubau der Burg auf dem Stöffelberg; 1437 an Stadt Reutlingen; Aussichtsturm: erbaut 1974, 17 m hoch).

Vom *AT Käpfle* (Schlot, Uracher Vulkangebiet) herrlicher *Rundblick* auf das Vorland, den gestuften Aufschwung und den Trauf der Schwäbischen Alb, auf die Oberen Gäue, den Schönbuch, den Rand der Stuttgarter Bucht. – Hinunter zum Weiler **Alteburg** (Gaststätte) über Weiden und Wiesen ist nur ein kurzer Weg zurückzulegen.

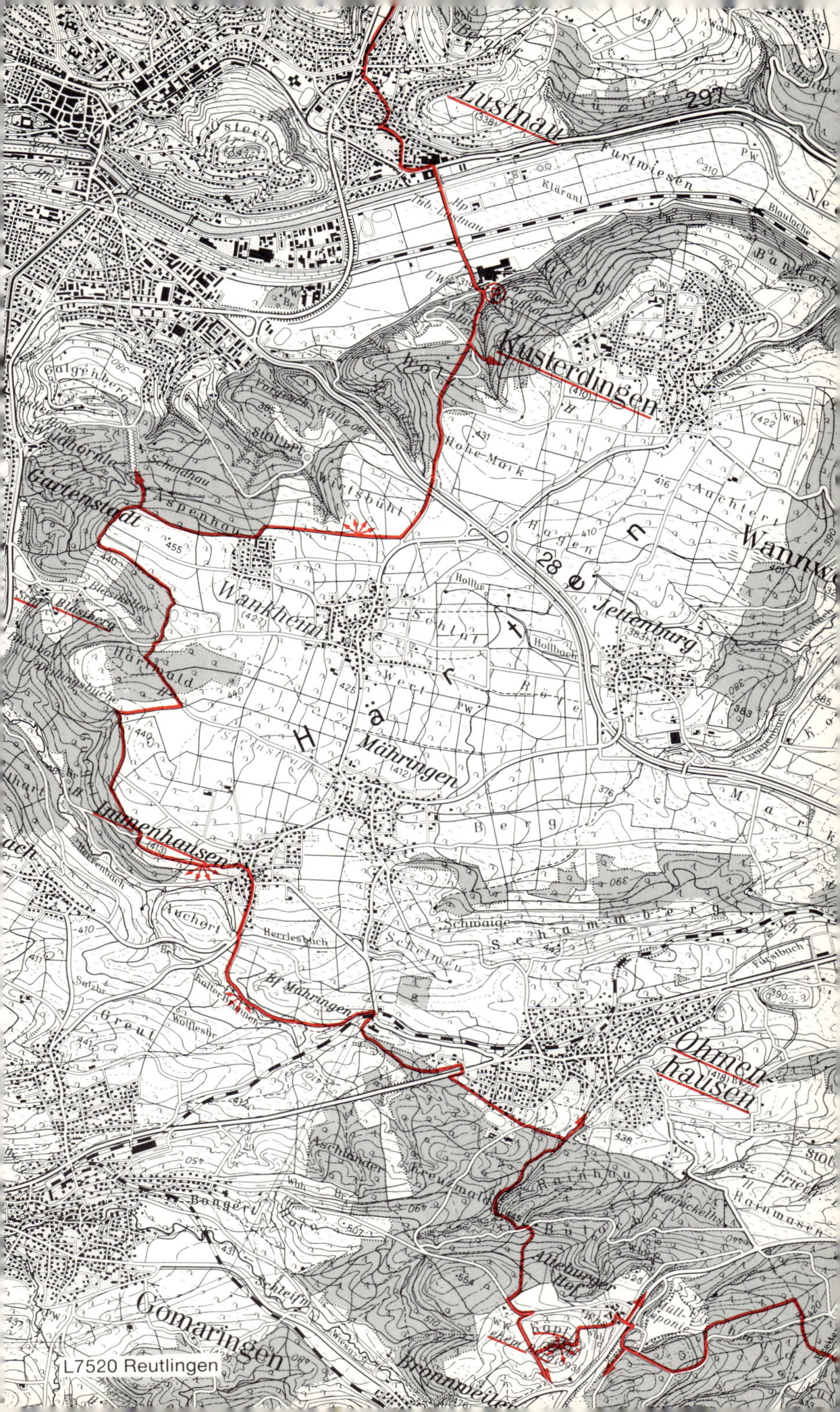

L7520 Reutlingen

4.2 Käpfle/Alteburg–Pfullingen

Länge: 8 km; Wanderzeit: 2¼ Stunden

Landschaft: In und an der Talbucht der Echaz breitet sich um Reutlingen bis Pfullingen und Ehningen und weiter talaufwärts ein dicht besiedeltes Wohn- und Industriegebiet aus, das die alten Siedlungskerne längst gesprengt hat. Flankierend ziehen sich die Braunjura-Vorberge sowie Auslieger und Zeugenberge des Weißen Juras (Wanne 699 m, Urselberg 697 m, Achalm 707 m) und der als Vulkanschlot herausmodellierte Georgenberg (602 m) um diesen Ballungsraum. Die Hauptstufe des Braunjura zieht sich vom Scheibenberg (534 m) ö Reutlingen über Röt (500 m und darüber) w Pfullingen bis zum Fuß des Käpfle (510/523 m), auf dem der Weiler Alteburg liegt, hin. Mächtige Hangschutthalden umhüllen den Stufenhang des Weißjura (S und O von Pfullingen). Die günstige Verkehrslage hat die Entwicklung Reutlingens zu einem bedeutenden Industrie-, Wirtschafts-, Kultur- und Verwaltungszentrum gefördert.

Wegbeschreibung:

Vom Hofgut **Alteburg**, über die Straße *Reutlingen–Gönningen*, im nach S ausholenden Bogen, eine bereits geschlossene Mülldeponie umgehen und im Eichwald auf einem lehmig-mergeligen Rücken bergab bis auf halbe Höhe, dann scharf nach SO zum *Breitenbachtal* (Schautafel mit geologischem Profil Braunjura, Beginn eines *Waldlehrpfades*). Auf dem Weg, der auf etwa 1,5 km die stark zerkerbte Braunjurastufe quert, werden auf Tafeln Laub- und Nadelbaumarten, Sträucher- und Pflanzengesellschaften, ökologische, klimatische und forstwirtschaftliche Probleme dargelegt und erläutert. Am *Naturtheater*, in der Nähe eines großen Parkplatzes, endet der Lehrpfad. Der HW 5 berührt dann ein *Wildgehege*, zieht am *Schützenhaus* mit *Markwasen* in SO-Richtung vorüber, geht am *Ringelbach* aufwärts und überwindet im *Eschle* den Stufenaufschwung. An der Stufenkante, nach einer kleinen *Steinhütte*, in spitzem Winkel nach N und nach dem *Steinbruch* nach NO, über die Röt (Gartenlandschaft), mit herrlichen Ausblicken auf die Schwäbische Alb. Weiter zum *Georgenberg* (602 m, große Erosionsschäden im mittleren Teil des Anstiegs), mit Aussicht auf die nahe und weit gelegene Umgebung. Der Weg zurück schneidet das *Landschaftsschutzgebiet* am *Wasserbehälter*, setzt sich dann am Rande **Pfullingens**, im *Oberhaldenweg* und in der *Griesstraße*, fort. Die Stadt (vermuteter Sitz der Grff. v. Pfullichgau, Vorgänger derer v. Achalm; Ortsadel 11./15. Jh.; *spätgotische Kirche* 1463, 1890 erneuert; *Klarissinnenkloster*, 1252, teilweise erhalten; 1563 anstelle des alten *Rempenschlosses* ein *Jagdschloß*) saniert den *Altstadtkern um Kirche und Rathaus*, besitzt in *Pfullinger Hallen* ein denkmalgeschütztes Konzert- und Veranstaltungsgebäude mit wertvollen Fresken. – **Reutlingen** (1182 erste Marktgründung; 1216–1240 neue Stadtanlage, Friedrich II., 1248–1343 *gotische Marienkirche*; 1333 *Spitalkirche*; 1358 *Nikolauskapelle; Gartentor, Tübinger Tor* mit Resten der *Stadtmauer; Spendhaus, Heimatmuseum* mit größeren Fundbeständen aus Keltenzeit).

REUTLINGEN
Ohmenhausen
PFULLINGEN
Gaisbühl
Naturtheater
Altenburger Hof
Bronnweiler
Spitalwald
Rötwald
Schachenwald
Kreuzwald
Aschländer
Rainmausen
Fried.-List-Hof
Lumppenhof
Galgenberg
Arbachmühle
Bf Reutlgn. Süd
Erlenhof
Grundhof
Weiherhof
Eckhof
Staufenburg
Leimenshart
Kaltenbrunnen
L7520 Reutlingen

5.1 Pfullingen–Kleinengstingen

Länge: 16 km; Wanderzeit: 4½ Stunden

Landschaft: Die weit nach S in den Stufenrand der Schwäbischen Alb vorgetriebene Talbucht der Echaz und ihrer Nebenflüsse prägt die Landschaft. Der Stufenrand markiert die Grenzen zwischen den Landschaften des Vorlandes und der Kuppenalb, hier Reutlinger Alb genannt. Der Urselberg (697 m) im O von Pfullingen, die Wanne (699 m) und die Höhe 702 an der Stuhlsteige sind Reste der durch Abtragung stark zerstückelten Stufenfläche der wohlgeschichteten Kalke (1. Stufe). Der Haupttrauf trägt Felsen, Schönberg (793 m); Lippentaler Hochberg (791 m); Gielsberg (833 m); im O der Urselhochberg (789 m). Der ganze Stufenrand des Weißjura ist mit mächtigen Schutthalden, die Frost, Eis, Schnee, Wasser und das Gleitmaterial (weiche Mergel, Tone, Lehm) an den Hängen aufgebaut haben, umkleidet. Das Echaztal oberhalb Pfullingen ist mit Sinter ausgekleidet und durch Sinterterrassen gekennzeichnet. – Die Reutlinger Alb durchziehen Trockentäler. Sie bezeugen verkarsteten Weißjura. Die Wasserscheide liegt unterirdisch weit (mehrere km) vom Albtrauf entfernt. Die rheinischen Flußsysteme entziehen den Donauzubringern das Wasser. Der untere Waldrand am Trauf kennzeichnet etwa die Grenze zwischen Weiß- und Braunjura.

Wegbeschreibung:

Der *HW 5* setzt sich am S-Rand von **Pfullingen** in direktem Anstieg durch ein Neubaugebiet zur *Hauptterrasse* des *Braunjura* mit Sportzentrum (über 500 m) fort. Am *Waldrand* ein *Sportpfad* mit Trimmplatz. Bis zur *Wanne* (699 m) sind noch über 100 m Höhe auf einem Fußpfad mit über 20 % Steigung zu überwinden. Vom W-Rand des Plateaus Einblick in die Gliederung des Stufenrandes. Am *Boleydenkmal*, an dem *Wanderparkplatz*, mit *Spiel-*, *Rast-* und *Schutzhütte* vorüber, zieht der Weg schräg auf dem Hang zum *Schönberg* (793 m) mit *AT des Schwäbischen Albvereins* (erbaut 1905, etwa 100 Stufen, herrlicher Rundblick). Vom *Rastplatz*, am O-Hang des Berges hinunter zum *Sättele* und hinauf zum *Wackerstein* (825 m) mit *Kreuz, Wackersteinhütte, Feuerstelle* und *Ruheplatz des Schwäbischen Albvereins*. Von der Felskante weiter Ausblick. Über den *Sattel* (Wacholderheiden) zwischen *Won* (800 m) und *Rößleshart* (830 m) zum *Festplatz* – über *Nebelhöhle* (810 m) – und zum Zusammentreffen mit dem *HW 1, Nordrandweg.* – Auf dem Stufenrand, n *Kalkofen* (836 m) zum *Goldloch*; Skilift, *Parkplatz*, Haus (zeitweilig bewirtschaftet) und zum *Gießstein* (788 m), *AP.* Über *Breitenstein, Brunnenstein, Linsenbühl* (817 m) zum **Schloß Lichtenstein** (1840/41 in neugotischem Stil erbaut, Besichtigungen 9–12, 13–17 Uhr, sonntags nur nach Vereinbarung; Gaststätte Altes Forsthaus, sonntags). 250 m nach dem Schloß, AP, *Hauffdenkmal* und *Gesteinspyramide* (zeigt geologischen Aufbau der Schwäbischen Alb); nach 250 m Ruine *Alter Lichtenstein* (1310 ältere Burg zerstört; danach neue Burg Lichtenstein, 1802 abgebrochen). Auf Fußweg hinunter zum Tobel, zum *ehem. Bahnhof Lichtenstein* (HW 1 setzt sich hier nach N ab, Burgenweg mündet ein) und auf Parallelweg zur B 312 nach **Kleinengstingen**.

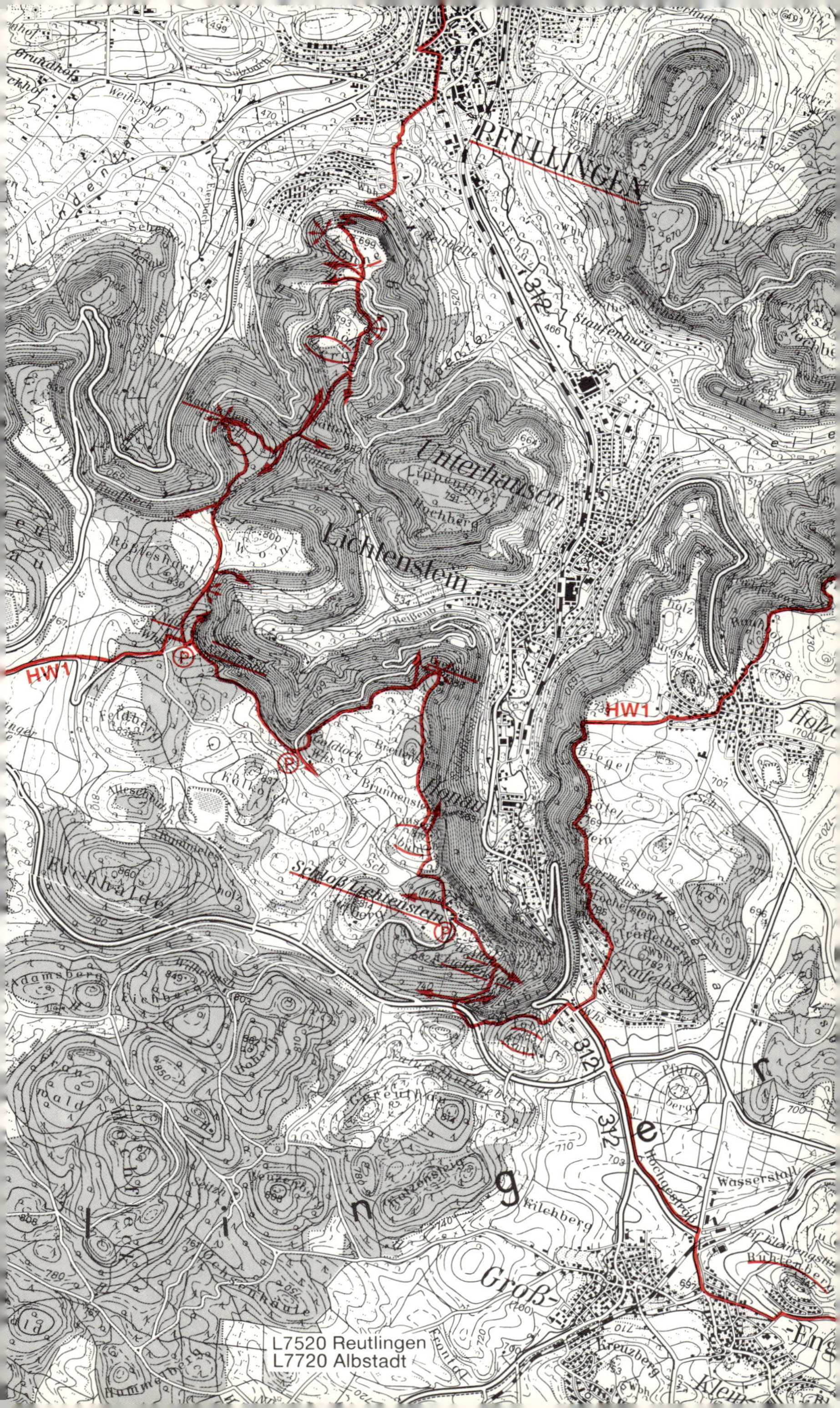
PFULLINGEN
Unterhausen
Lichtenstein
Honau
Schloß Lichtenstein
Holzelfingen
Großengstingen
HW1
HW1
312
312
L7520 Reutlingen
L7720 Albstadt

5.2 Kleinengstingen–Sternberg/Wanderheim

Länge: 9 km; Wanderzeit: 2½ Stunden

Landschaft: Die Merkmale und Eigenarten der Kuppenalb lassen sich in drei Landschaftszonen gliedern: das Tal der Großen Lauter mit ihren Nebentälern; die Kuppenreihen w vom Sternberg mit Höhen um 800 m; die Einmuldung um Bernloch. Das Tal der Großen Lauter ist w ihres Ursprungs (Karstquelle im Gestütshof von Offenhausen) wasserlos. Nur auf ein kurzes Stück bei Wasserstall tritt aus einer Karstquelle Wasser aus, das aber nach 800 m wieder versickert. Fortsetzung des Trockentals nach W, bis Holzelfingen und bis zum Stufenrand bei ehem. Bahnhof Lichtenstein. In diesem Tal liegen die Trassen der Eisenbahn und der Durchgangsstraße. In Abständen von etwa 1,5 km münden Trockentäler (darunter Jägertal) in das Haupttal ein. Die Trockentäler beginnen hier in Sätteln, zwischen den Kuppen, die um 750 m hoch sind und der Linie Scheiterhau (751 m) – Planwald (786 m) – Eichberg (766 m) – Sternberg (844 m) folgen. Um den Sternberg und am Rand der Täler Dolinenreihen oder -gruppen oder einzelne Erdeinbrüche. S der Linie und einer möglichen, einstigen oberirdischen Wasserscheide nehmen die Dolinen in Richtung Bernlocher Mulde zu. Die Kuppen sind mit Wald bestanden. – Der Sternberg mit Basalttuffschlot gehört zum Uracher Vulkangebiet.

Wegbeschreibung:

Von **Kleinengstingen** zwischen *Ruhlenberg* (742 m) und *Kalkofen* (757 m) zum Trockental ö *Auchtert*. Dort nach 200 m rechts, nach O, durch *Hasenberg-Wald*, anschließend durch Äcker und vor dem Abstieg in ein Trockental nach S und O an der *Friedenshütte* vorbei, das *Jägertal* und *Offenhausen* in großem Bogen umgehend, zur O-Seite des *Eichberg* mit Abstecher über *Höhe 751* zur guterhaltenen *hallstattzeitlichen Grabhügelgruppe*, etwa 150 m nw vom Waldrand. Nw *Hart*, am Rand des Trockentales, 1 km nach N und 500 m vor *Offenhausen* in einem kleinen Trockentälchen in Fallinie des oberen Hanges zum **Sternberg** (844 m) und dem **Wanderheim** des **Schwäbischen Albvereins** (7 Schlafräume mit 35 Liegeplätzen; 1979–1982 erbaut; Anmeldung: Karl Rapp, Sonnenhalde 11, 7423 Gomadingen). Etwa 200 m ö von diesem steht der 1953 errichtete **Aussichtsturm** des **Schwäbischen Albvereins** (Ersatz für den 1905 erstellten alten AT, auf dessen Fundamenten teilweise das neue Wanderheim gebaut ist und von 1953–1979 ein Übernachtungshaus der Gemeinde Gomadingen stand). Neben dem neuen Wanderheim befindet sich die alte Buche, auf der 1893–1905 ein Aussichtsgerüst befestigt war; auf dem neuen AT (Höhe ca. 25 m) sind auf der Brüstung der Plattform *4 Orientierungstafeln* angebracht – bei klarem Wetter ist das Alpenpanorama zu sehen. Der *Sternberg* mit Dolinen, Grabhügeln, Trockentälern, Karstquellen, mit den Wäldern, Schafweiden und Wacholderheiden in seiner Umgebung ist Wahrzeichen der Kuppenalb und ihrer frühen Besiedlung. Wer ihn einmal besucht hat, wird immer wieder von diesem Berg angezogen. Nach **Gomadingen** braucht man auf einem WW ca. 20 Minuten.

Kohlstetten
Gomadingen
Offenhausen
ngstingen
Bernloch
312
L7720 Albstadt
L7722 Munderkingen
L7520 Reutlingen
L7522 Urach

6.1 Sternberg/Wanderheim–Hundersingen

Länge: 11 km; Wanderzeit: 3¼ Stunden

Landschaft: Das steile und bis über 200 m breite Tal der Großen Lauter ist das Herzstück dieser Wanderstrecke. Die großen Täler: Pfaffental, Amseltal, Ehestetter Tal – w der Lauter – sowie Tiefental, Lüssentäle, Heimtal, Roggental – Ö der Lauter – sind trocken und verkarstet, wie die Karstquellen an ihrer Mündung in das Haupttal bezeugen. Nur im Baumtal liegt die Karstquelle, die den Dolderbach speist, etwa 2 km oberhalb des Lautertals. Steilheit und Höhe der Kuppen der Münsinger Alb nehmen von N nach S ab. Die Verkarstung zeigt sich w der Lauter mehr durch Dolinengruppen und Dolinenfelder als durch einzelne Erdeinbrüche. Außergewöhnlich die zahlreichen Dolinen zwischen Altenberg (782 m) und Hackberg (763 m). Auf 0,2 qkm gibt es hier über 80 Dolinen, während auf der Kuppenalb Dolinen einzeln oder in kleinen Gruppen erscheinen und sonst im Mittel 3 auf 4 qkm kommen. Im N- und S-Abschnitt des Tales gibt es größere Gefälle. N der Linie Pfaffental–Lautertal–Tiefental zieht sich ein breites Waldband von W nach O. Etwa auf der Linie Ehestetten–Hundersingen liegt die Grenze zwischen Kuppen- und Flächenalb. Sw Eglingens eine größere flache Mulde mit Dolinenhorsten auf den umgebenden Höhen (Krähberg 781 m, Rauhberg 777 m, Linsenberg 803 m).

Wegbeschreibung:

Vom **Sternberg/Wanderheim** und **AT** zwischen Dolinen und über Wacholderheiden ins *Lerchen-* und *Wolfstal* und weiter am n Fuß des *Hackbergs* (763 m), dann auf den S-Hang des *Lautertales* bis zum Schnitt mit der Straße *Marbach-Bernloch.* Dort gibt es einen WW nach **Marbach** (ältestes und größtes der 4 württ. Landgestüte – 16. Jh. gegründet, im 17. und 18. Jh. erweitert; seit 1817 Staatsgestüt), den Wanderer, die das Gestüt interessiert, benutzen. Sie können lauterabwärts, auf einem WW, der aus dem *Dolderbachtal* kommt, nach *Schelmenbühl* wieder Anschluß an den *HW 5* finden. – Umweg etwa 1 km. – Der HW 5 umgeht das Gestüt (reizvolle Ausblicke auf Marbach), steigt hinauf zur *Kirche* (AP) und hinunter zum Dorf **Dapfen** (904 Königsbesitz und Martinskirche bezeugt). Zwischen *Dapfen* und *Wasserstetten* wechselt der Weg auf die linke Seite der Talaue. Etwa 700 m sw Wasserstettens auf einem schmalen Felsvorsprung am S-Rand eines Trockentals, stehen *Reste eines Bergfrieds* aus mächtigen Buckelquadern und einer *Vorburg* der *Ruine Blankenstein.* Nach **Wasserstetten** steigt der *HW 5* auf die *Höhe Geltelfingen* (745 m) und erstreckt sich fast eben zum **Fladhof** – bei guter Sicht ist ein Abstecher zum *Schachen* (797 m) über den dort nach Buttenhausen führenden WW lohnend. – Vom *Künzgert* (801 m), mit gutem Rundblick, fällt der Weg nach **Hundersingen** (um 700 Zentrum eines frk. Besatzungsbezirks; Bergfried einer Burg des 12. Jh. und Mauern der jüngeren Vorburg).

L7522 Urach
L7722 Munderkingen

6.2 Hundersingen–Burg Derneck/Wanderheim

Länge: 7 km; Wanderzeit: 2 Stunden

Landschaft: Die Große Lauter beherrscht mit engen, zahlreichen Talmäandern, in die sich Berge vordrängen, und den tief eingeschnittenen Anschlußtälern diese Wanderstrekke. Die um das obere Lautertal sich scharenden, stark ausgeprägten Kuppen sind hier flacher geworden. Dadurch entstand ein welliges Gelände, in dem sich breite Mulden gebildet haben. Große Waldrodungen auf den Hochflächen zwischen den Tälern, in deren Mitte Höfe, Weiler, Dörfer und kleinere Städte liegen, belegen die frühe landwirtschaftliche Nutzung der kargen Kalkböden. Der Wald ist weitgehend auf die Talhänge zurückgedrängt. Nur in stark zertalten, muldenarmen und bergigen Gebieten ö der unteren Lauter konnte er sich bis zu den Höhen hinauf erhalten. Sämtliche Nebentäler liegen trocken, tragen Namen, sind tief und fast gerade eingeschnitten. Die verkarsteten Juraflächen sind durch Erdfälle gekennzeichnet, die nur selten in größeren Gruppen zusammengeschlossen sind. Das dünne Siedlungsband im Tal der Lauter ist früher entstanden als die Siedlungen auf der Flächenalb. Erst das weitverzweigte Netz künstlicher Wasserspender hat der wasserarmen Flächenalb ihre Chance gegeben.

Wegbeschreibung:

Die Wanderung beginnt in **Hundersingen** mit einem kurzen Abstecher zur *Ruine Hohenhundersingen* auf dem nach Münsingen führenden WW (gelbes Dreieck). Nach Rückkehr zur Ortsmitte geht es zunächst auf der Straße talabwärts (etwa 200 m), dann nach rechts, zwischen Häusern hindurch, auf dem Steg über die Lauter. Der WW auf der mehr als 100 m breiten Sohle des *Kastentals* ist oft ufernah. Er erschließt den Blicken des Wanderers Schönheiten und Eigenarten dieser Talform. Auf einem Bergsporn über **Bichishausen** stehen die teilweise wieder aufgebauten Ruinenreste einer im 13. Jh. durch die Herren von Gundelfingen errichteten *Burg* (jetziger Zustand läßt einen Hauptbau mit sehr starker *Schildmauer*, einen Anbau und *Zwingermauern* erkennen). Von NO auf einem Stichweg ist die sehenswerte Burg zu erreichen. In der *Kirche* von *Bichishausen*, die 200 m talabwärts am WW steht, ist ein Grabmal aus dem Jahr 1541. Nach Bichishausen windet sich der Fluß in zahlreichen Kehren durch die Wiesen. Die *Ruine Niedergundelfingen* (Feste 13. Jh. erbaut, von einer 10 m hohen rechteckigen *Mauer* umgeben, verstärkt durch eine jüngere *Zwingermauer*), umgeht der WW entlang dem Fluß und durch **Gundelfingen** (als Burgweiler entstanden) bis zur Straßenkreuzung am Hals des Umlaufberges. Dort auf der Straße nach *Dürrenstetten* 300 m aufwärts, dann auf Fußweg nach rechts, dem Talhang folgend, bis zur *Burgruine Hohengundelfingen* (jünger als die Feste; um 1300 an die Habsburger verkauft, verpfändet an verschiedene Besitzer). Vom *erneuerten Bergfried* aus starken Buckelquadern und Teilen der Zwingermauer Ausblick aufs Lautertal. Über **Wittsteig**, das *Lauter-* und *Ratzental* führt der Weg nach **Burg Derneck/WH**.

Buttenhausen
Haldenegg
Hundersingen
Bichishausen
Dürrenstetten
Steighof
Gundelfingen
Münzdorf
Indelhausen
Anhausen
Maisenburg
Hülbenhof
Felgenhau
Schloßbreite
Buchstock
Kreuzäcker
Landstraße
HW2
L7722 Munderkingen

7.1 Burg Derneck/Wanderheim–Obermarchtal

Länge: 14 km; Wanderzeit: 4 Stunden

Landschaft: Die mittlere Flächenalb setzt sich nach S bis etwa zur Linie Erbstetten-Oberwilzingen fort. Die Talmäander der Lauter haben sich geglättet, die Flußmäander erhalten. Zahlreich sind die tief eingeschnittenen Trockentäler (Hayinger Tal, Bärental, Schneiderstal, Herten-, Wolfs-, Langes Tal). Inmitten der Rodungsflächen liegen größere und kleinere Siedlungen. Flurnamen lassen aufgegebene Höfe und Weiler vermuten: Weilerfeld, Öde Mauer. Nö der Linie Erbstetten–Oberwilzingen fällt eine 50 bis 100 m bewaldete hohe Stufe auf, deren Fuß die Waldgrenze nach S bildet. Weiter s reihen sich Tautschbuch, Emerberg (O-Teil Alter Hau, 698 m), Hochberg, 662 m und Landgericht (W-Teil Kaltenbuch, 695 m) zum S-Rand der Schwäbischen Alb. Zwischen der Zwiefalter Ach/Ehebach und der Lauter greift die Donau bis zu diesem Rand vor. Die zahlreichen Grabhügelgruppen zwischen Donau und der Stufe um Erbstetten bekunden altes Siedlungsland.

Wegbeschreibung:

Von **Burg Derneck** (655 m; früher Degeneck, wohl im 14. Jh. von Gundelfingern erbaut, etwa rechteckige Umfassungsmauer und eine Schildmauer mit schmalem Innenraum sowie angebautem Rundturm; der Schwäbische Albverein hat die Burg zu einem *Wanderheim* mit 41 Schlafstellen und für Selbstverpfleger umgestaltet; im Winter geschlossen; Anmeldung: A. Hauber, Kanalstr. 5, 7430 Metzingen, Tel. 0 71 23/43 26) geht die reizvolle Tal- und Flußwanderung bis zur *Befestigung »Althayingen«* bei *Anhausen* weiter (Ausdehnung der Anlage W-O 200 m; N-S 300 m; mehrere Wälle und Gräben, einige Funde aus dem 6. Jh. v. Chr.). An der *Gerberhöhle* vorbei zieht sich der Weg am Fuß der *Maisenburg* (14. Jh. im Besitz der v. Gundelfingen, von 1400–1820 wechselnder Besitz, dann Verfall) mit Blick auf die *Ruine Schülzburg* (14. Jh. erbaut, bis 1884 gut erhalten, durch Brand zerstört; *4geschossiger Palas*, gegen die Bergseite das *3geschossige Schloß*, 16. Jh.; vorgelagert *Zwingermauern*) zu den *Ochsenlöchern*, wo die Felsen jetzt bis zur Talsohle sich erstrecken. Nach dem *Gemsfels* (AP) wird die **Ruine Wartstein** (671 m) erreicht (1392 Hzz. v. Bayern, 1495 zerstört; Burgruine ausgebessert, teilweise erneuert, Bergfried AT). Der Weg folgt weiter der Talkante zur **Ruine Monsberg** (591 m; 1495 zerstört) und zu den Resten von **St. Ruprecht** (603 m), dann über einen steilen Hang ins Tal. Vor **Unterwilzingen** hat sich das Tal auf über 200 m verbreitert, ehe es zur **Laufenmühle** hin schmaler wird und dem Wanderer genußreiche Ausblicke eröffnet. Der *Bergfried* der *Ruine Reichenstein* steht hoch über dem Tal.

Dicht bei der Einmündung des *Wolfstals* in das Lautertal, unterhalb der *Laufenmühle* etwa 300 m taleinwärts, liegt die *Bärenhöhle*, ein weiterer Zeuge der Karstlandschaft, neben den *Erdfällen* ö von *Oberwilzingen*. Der Weg bleibt im *Tal der Lauter* bis kurz vor ihrer Mündung in die Donau, wo sich der Blick ins Tal weitet. Die *Schilfgürtel*, die das Mündungsgebiet umschließen, streift der WW. Nach dem Übergang über die Bahnlinie begleitet die Donau den Weg bis zu einem Durchlaß im Eisenbahndamm. Dann knickt er in einem spitzen Winkel nach S zum *Donausteg* und zum *Aufstieg* nach **Obermarchtal**.

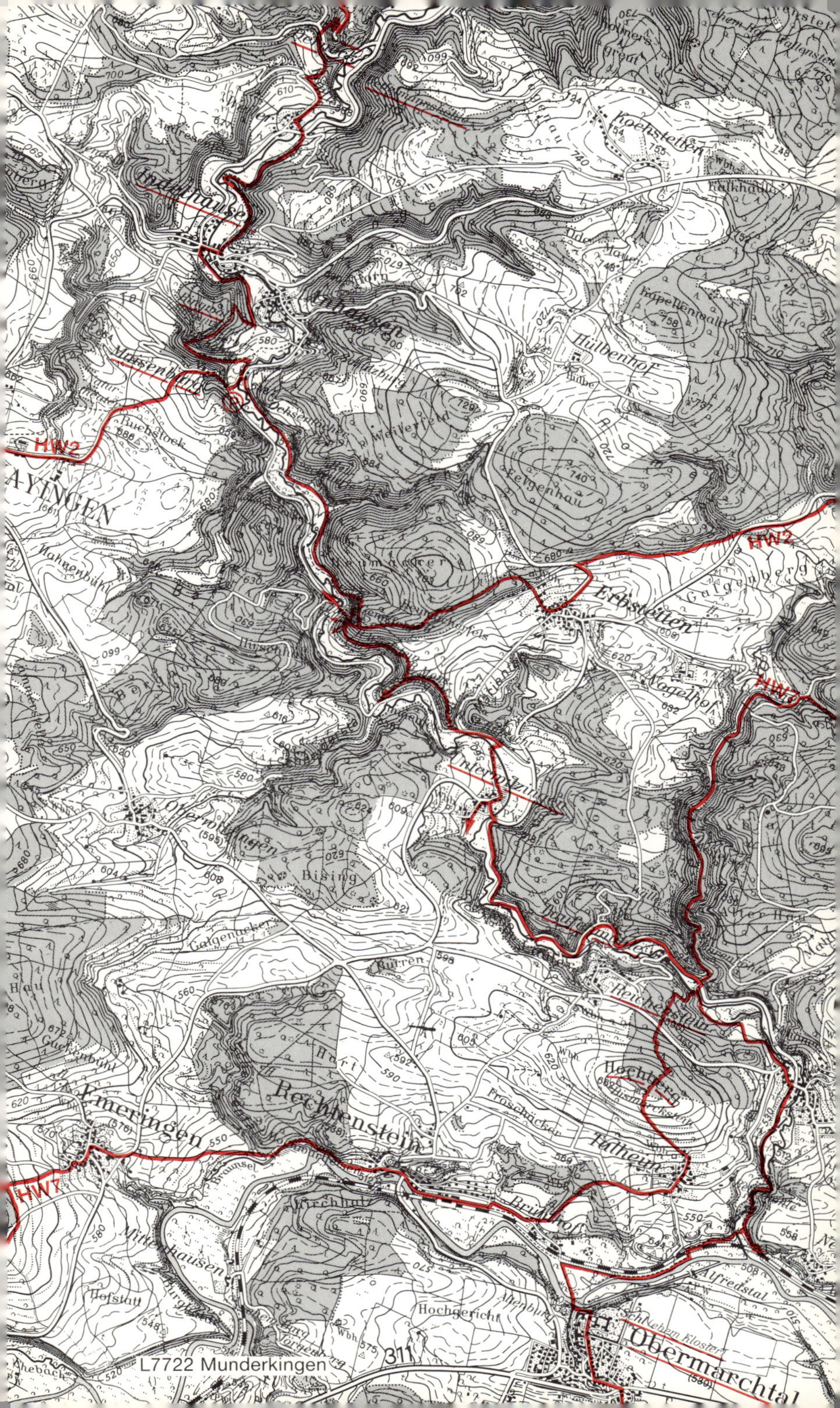

HW2
HW2
HW7
HW7
Anhausen
Hülbenhof
Felgenhau
Erbstetten
Gagenberg
Vogelhof
Oberwilzingen
Bising
Bürren
Galgenäcker
Emeringen
Rechtenstein
Hochberg
Talheim
Reichenstein
Kirchholz
Mittenhausen
Hofstatt
Hochgericht
Alfredstal
Obermarchtal
ehem. Kloster
L7722 Munderkingen
311

7.2 Obermarchtal–Bussen/Offingen

Länge: 12 km; Wanderzeit: 3½ Stunden

Landschaft: Mit dem Überschreiten der Donau und damit etwa der Grenze zwischen Schwäbischer Alb und Hügelland der unteren Riß verändert sich der Charakter der Landschaft. Molasseformen prägen das Gelände, weiter s finden sich alteiszeitliche Ablagerungen, die dann um den Bussen durch Erosion verwischt sind. Die Gletscher umflossen diesen Zeugenberg bis etwa 60 m unter seiner Gipfelregion. Zahlreiche Grabhügel und die keltische Viereckschanze im Langhau, sw Obermarchtals, bekunden vorgeschichtliche Besiedelung des Gebiets. Ein dichtes Netz von Straßen und Wegen verbindet im S kleinere Dörfer und Weiler, deren Namensendungen, -dorf, -hofen, -hausen darauf hinweisen, daß sie wohl im 7. bis 10. Jh. entstanden sind. Von Obermarchtal bis n von Dietelhofen zieht sich ein hügeliges Waldgebiet. Den S beherrschen die weit geschwungenen Höhenlinien um den Bussen. Eine außerordentlich abwechslungsreiche Wanderung.

Wegbeschreibung:

In **Obermarchtal** (die *Altenburg* w Obermarchtals, soll Stammsitz der Alaholfinger gewesen sein; 776 Benediktinerkloster, 10. Jh. zerstört; 1011 Chorherrnstift; 1171 Prämonstratenser-Chorherrnstift St. Maria und St. Petrus, 1500 *Reichsabtei*; *Klostergebäude* 18. Jh.; ältestes Bauwerk *Gottesackerkapelle*, 1481). Nach der Überquerung der B 311 geht es Richtung SO zum Wald »Buchhau« (Soldatenfriedhof 1814/15). Zuerst umschließt Laubwald, später Mischwald den Weg. Im *»Schleichhau«* liegt rechts am Weg eine *Grabhügelgruppe*, links zeigen sich Reste einer *ehem. Burg*. Über den *Marchbach* und die *Erlenwiesen* zu schnell wechselnden, bewaldeten Hügeln (Reste von Altmoränen) und zum S-Rand des Waldes mit Blick auf den *Bussen* und sein Vorland. Die Wanderstrecke nach S verläuft jetzt ein Stück auf der Straße. Ausblick vom Waldrand nach N über *Tautschbuch*, *Flächen- und Kuppenalb* bis zum *Landgericht* und die *Donaulandschaft* entschädigt den Wanderer. Der Hof *Buchay* w des HW 5 gehörte bis 1418 den Herren von Fridingen und kam 1508 an Waldburg. Der Weg folgt einer Asphaltstraße, biegt an der nächsten Straßenkreuzung etwa 30 m nach rechts und setzt sich auf einem Fußweg fort, der zuletzt steil zum **Bussen** (767 m) AT hinaufführt. Der viereckige romanische *Bergfried* ist zusammen mit *Mauerresten* in der *Hauptburg* (im 30jährigen Krieg zerstört) übriggeblieben. Unter Mitwirkung des *Schwäbischen Albvereins* ist Aufstieg und Plattform wieder instand gesetzt worden (die vordere Burg und die Vorburgen sind verschwunden; die *Wallfahrtskirche* wurde 1516 auf dem Platz der vorderen Burg errichtet, 1781 und erst vor kurzem erneuert; etwa 2500 Jahre vor dem Bau der Kirche war der Berg besiedelt). Die Aussicht von Turm und Berg kann bestechend sein (Alpenpanorama, Alt- und Jungmoränengebiete Oberschwabens). *HW 5, HW 7 und zwei weitere WW aus dem Donau- und Kanzachtal treffen sich auf dem Bussen.* Von der Wallfahrtskirche hinunter nach **Bussen/Offingen** sind noch Spuren eines Ringwalls sichtbar.

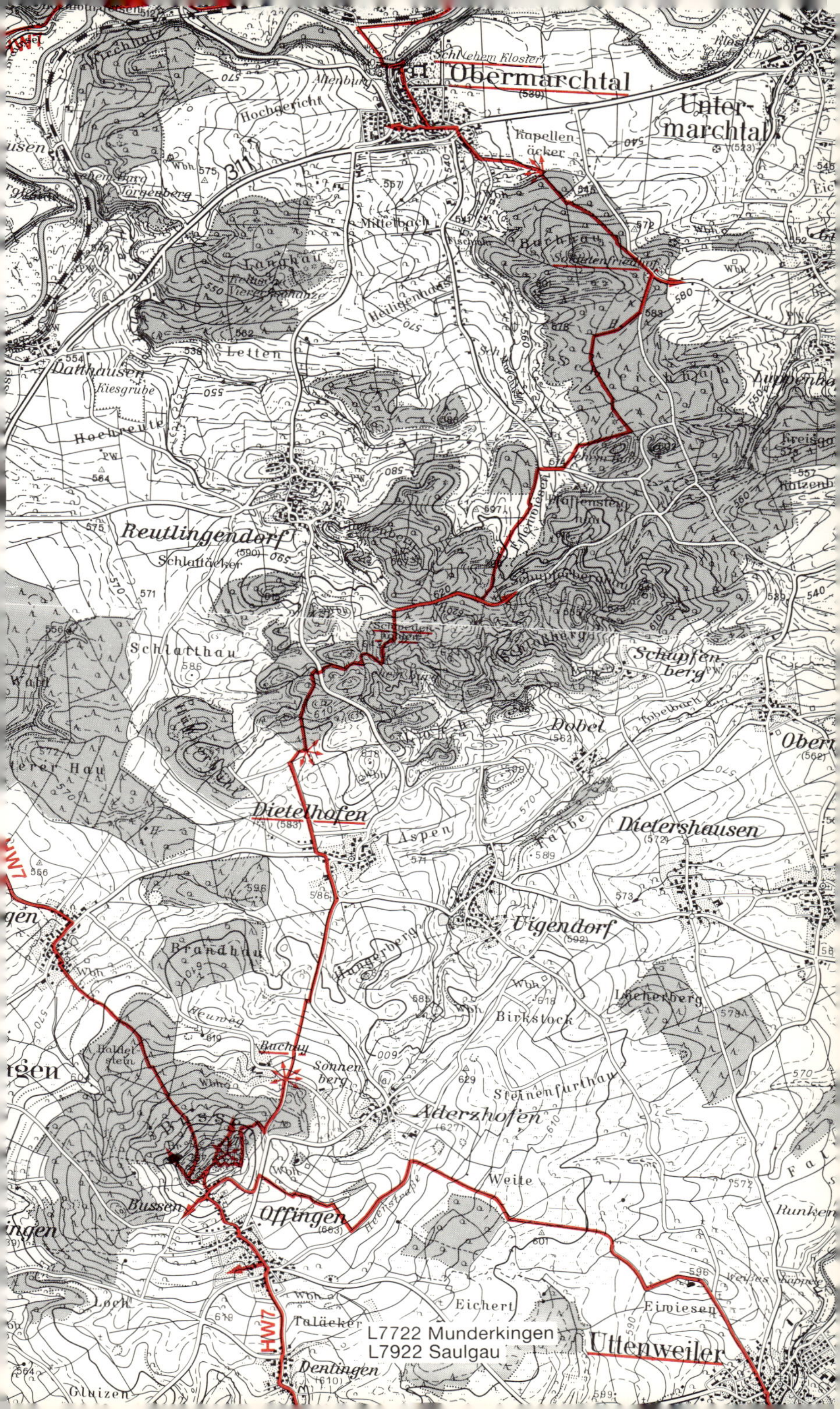

Obermarchtal
Untermarchtal
Reutlingendorf
Dietelhofen
Dieterhausen
Uigendorf
Aderzhofen
Offingen
Uttenweiler
Dentingen
Schupfenberg
Dobel
Aspen
Datthausen
Hochgericht
Mittelbach
Letten
Schlatthau
Brandhau
Birkstock
Steinenfurthau
Bussen
Weite
Eichert
Eimiesen
Talacker
Gluizen
HW7
L7722 Munderkingen
L7922 Saulgau

8.1 Bussen/Offingen–Ahlen

Länge: 11 km; Wanderzeit: 3¼ Stunden

Landschaft: In die alteiszeitlichen Moränen (von Gletschern aus den Alpen aufgetragenes Gelände – Rißeiszeit vor etwa 130 000 Jahren) schiebt sich im NW (oberer Kartenrand) die Molasseform des Bussen und im S (unterer Kartenrand) der NO-Teil des Federseegebiets. Kuppen und Hügel beleben die Landschaft, Kiesgruben geben Einblick in das vom Schmelzwasser aufgeschichtete Gestein. Die Höhen der Kuppen liegen über 600 m. Die Kuppen fehlen bzw. enden bei den Riedwiesen des Federseerieds. Das Federseegebiet ist das größte zusammenhängende Moorgebiet Südwestdeutschlands; das Ried ist 1400 ha, der See nur noch 136 ha groß; der größte Teil der Fläche steht unter Naturschutz; 65 ha Flachmoor sind seit 1911 Vogelschutzgebiet; der mittlere Seespiegel ist 578 m hoch, die größte Seetiefe liegt unter 2 m; bereits vor rund 5000 Jahren – Jungsteinzeit – war der See stark verlandet; zweimal, im 18. und 19. Jh., ist er durch Eingriffe in den Lauf der Kanzach abgesenkt worden. Der Wald ist stark zerstückelt, nach S und O nehmen die Fichtenbestände zu. Er ist nach Baumarten, -alter und -mischung außerordentlich verschieden, sehr reizvoll und prägt das Landschaftsbild durch seinen Rückzug auf die Kuppen.
Die auf der Karte »rot« unterstrichenen Flurnamen sind für den Wandel der Landschaft und den Aufbau des Geländes besonders aufschlußreich (z. B. Aspen, Birkstock, Eichert lassen auf einstigen Waldbestand schließen; Egelsee, Alter Weiher sind der Kultivierung der Landschaft zum Opfer gefallen).

Wegbeschreibung:

Das Bild der oberschwäbischen Landschaft: bewaldete Hügel, ausgedehnte Moore, einsame Seen, weite Wiesen- und Weideflächen, stattliche Höfe, ansehnliche Weiler, große Dörfer um einen meist barocken Kirchturm geschart, kleine Bäche, die oft einem Ried entstammen, dieses Bild breitet sich vor dem Wanderer aus, der vom **Bussen** (767 m) aus nach **Uttenweiler** (577 m) geht. Bei klarem Wetter reicht die Sicht bis zu den Alpen. Vom O-Rand von Uttenweiler (1450–1807 *Augustinerkloster*, ein Flügel, 18. Jh., erhalten, jetzt Pfarrhaus; sehr sehenswert die barock veränderte spätgotische *Kirche*, restauriert 1961; ehem. *Schloß* von 1617 dient jetzt einer Brauerei) zum *Hipfelberg* (625 m) steigt der Weg zuerst über Wiesen und Äcker, dann durch Wald (Fichten, Buchen, Eschen, Kiefern und Tannen, unterschiedlich gruppiert und gemischt). Nach der reizvollen Waldwanderung kommt der WW in der Flur *»Riedzaun«* auf Gelände, das einst zum Federsee gehörte. Wo er zwischen Wiesen und Äckern verläuft, ist der Federsee noch 1787 nahe gewesen. Der Ortsname Seekirch erinnert an das weite Ausgreifen des Sees damals. Dort, wo der Weg die Straße *Ödenahlen–Ahlen* erreicht, öffnet sich der Blick über das Federseeried hinweg. In einem Bogen nach S ausholend, steigt der Weg hinauf nach **Ahlen** (624 m) und überquert dort die B 312.

HW7
Offingen
Uigendorf
Dentingen
Bischmannshausen
Uttenweiler
Falkenhofe
Riedleshau
Wipfelberg
Ruppertshofen
Riedzaun
Ödenahlen
Brasenberg
Ahlen
Seekirch
Schlau
Aflang
Riedwiesen
Aspen
L7922 Saulgau
L7924 Biberach a.d.Riß

8.2 Ahlen–Biberach a. d. Riß

Länge: 14 km; Wanderzeit: 4 Stunden

Landschaft: Das Altmoränengebiet (Rißeiszeitliche Gletscherablagerungen) läßt sich in seiner Formen- und Vegetationsstruktur in drei Abschnitte gliedern: die Gebiete mit offenen Fluren mit dem NO-Teil des Federseerieds; ein breites Waldband mit hügeligem Gelände (Höhe der Kuppen um 630 m); der Siedlungsraum um die Stadt Biberach, der sich in das Tal der Riß (kleiner Fluß, breites Tal – Abflußtal jungeiszeitlicher – Würmeiszeit, 60 000 Jahre – Schmelzwasser) vorgeschoben hat. Der Stadtkern von Biberach liegt auf einem Schwemmfächer des Wolfenbachs (früher Biberach) in Anlehnung an den Gigelberg (Nagelfluh).
Die Entwicklung Biberachs zu einem kulturellen, wirtschaftlichen und politischen Schwerpunkt Oberschwabens ist durch seine Lage am Schnittpunkt der O-, W- und N-S-Verkehrswege begünstigt worden. Über die Hälfte der Wegstrecke liegt im Wald. Eine genußreiche, landschaftlich hochinteressante Wanderung.

Wegbeschreibung:

Von **Ahlen**, nach Überschreiten der B 312, hinauf zur *Höhe 655 m* und weiter nach O mit herrlichem Ausblick auf *Federsee*, sein *Ried*, die angrenzenden *Ortschaften* und *Bad Buchau*. Durch **Schammach** geht es etwa 250 m auf der B 312 und dann, am Beginn ihrer Geraden, nach rechts zum *Oberen Weiher* (613 m) bei *Gutershofen*. Am idyllischen Oberen Weiher schwenkt der Weg nach S auf den Waldrand zu. Durch den Wald, über einen *Moorgrund* (Tiefer Weiher), einen *Waldrand* (Lärchen, Tannen, Birken, Fichten, Eichen) entlang bis zur B 312, auf ihr etwa 200 m nach rechts, dann nach links über die *Höhe 648* geht es auf einen nach NO verlaufenden Waldweg. Eine fast 5 km lange, schöne Waldwanderung. SW der *Höhe 629*, am Rande einer *Waldwiese*, zu der der HW 5 kurz, auf etwa 100 m, aus seinem NO-Verlauf nach S umschwenkt, steht eine *Waldhütte* mit kleinem, überbautem Rastplatz. Von dort über die *Höhe 629* und den Treffpunkt mit dem *WW von Attenweiler* nach SO über ein einsames Wiesental (verlandeter See) mit Ausblick auf den Weiler *Burren* zu einem einladenden Rastplatz mit einem kleinen Teich im *Burrenwald*, SO Höhe 625. Durch Tannen-, Eichen-, Fichtenwald auf dem Kies- und Grasweg zum Waldrand, *Höhe 591*. Von der Straße nach *Birkenhard* Blick auf *Biberach*. Nach dem Umgehen des Landeplatzes zieht sich der Weg am *Lindele (AP NO)* vorbei hinunter nach **Biberach** (die ehem. *Reichsstadt* hat sich Anlage und Bauten des Stadtkerns bewahrt; 14. u. 15. Jh. *Pfarrkirche St. Martin*, 1432 *altes Rathaus*, später Waaghaus; 1503 *neues Rathaus*; 15.–17. Jh. *Klosterhöfe*; Bürgerhäuser, 14. u. 15. Jh., *Weißer Turm, Gigelturm* und *Ulmer Tor* sind von 26 Türmen der *Stadtbefestigung* übriggeblieben).

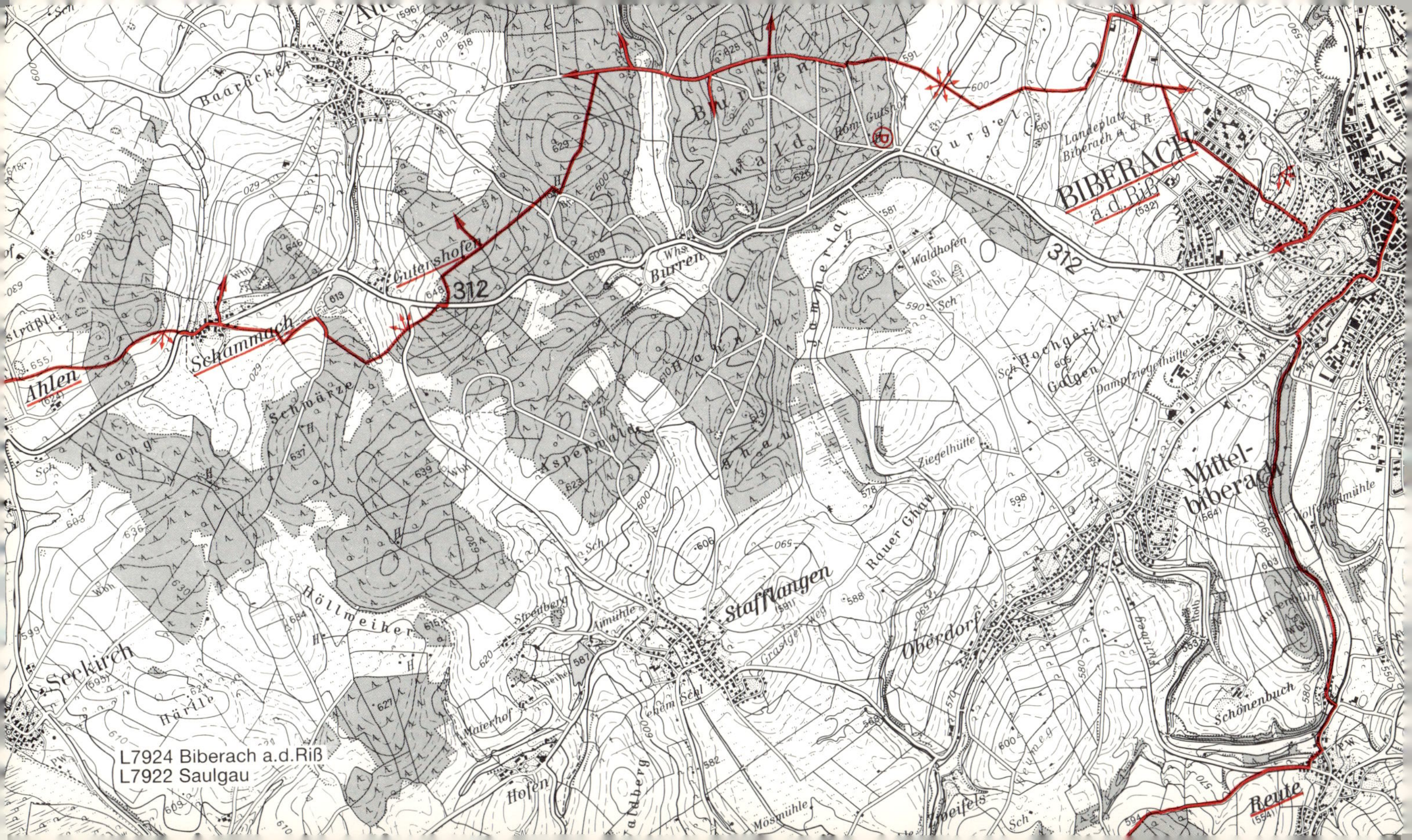

BIBERACH
a.d. Riß
(532)
Landeplatz Biberach a.d. R.
Mittel-
biberach
Wolfentalmühle
Lauerenhalde
Schönenbuch
Reute
(554)
Zweifels
Oberdorf
Rauer Ghau
Ziegelhütte
Dampfziegelhütte
Hochgericht
Galgen
Waldhofen
Jammertal
312
Burren
Bürger Wald
Gurgel
Gutershofen
Schammach
Schwärze
Aspenmahd
Stafflangen
Graslager Weg
Ammühle
Stratberg
Höllmeiker
Hofen
Malerhof
Mosmühle
Kalkberg
Ahlen
Sträßle
Baarücken
Seekirch
Härtle
L7924 Biberach a.d.Riß
L7922 Saulgau

9 Biberach a. d. Riß–Winterstettenstadt

Länge: 20 km; Wanderzeit: 5¾ Stunden

Landschaft: Einer waldfreien Zone im N mit dem Stadtgebiet von Biberach, dem Rot-, Wolfen- und Krummbachtal, die einen Altmoränenkamm umschließen, reiht sich ein etwa 3 km breites, vielfach zerstückeltes Waldband an, das an eine schräg gestellte, von S nach N leicht geneigte Fläche von wiederum etwa 3 km stößt. Diese Sanderebene trennt das Federseegebiet von dem Tal der Riß, mit dem es durch den Federbach verbunden ist. Im S noch wenig abgetragene Moränengürtel. Weitgestreute Höfe, Weiler und Dörfer ergeben ein lockeres Siedlungsbild. Namen wie »Ziegelei, Ziegelhütte, Dampfziegelhütte und die Kiesgruben erinnern an lehmig-tonigen sowie sandig-kiesigen Untergrund, den die Schmelzwasser einst aus dem transportierten Schutt- und Gesteinsmaterial ausgewaschen und angeschwemmt haben. Auf dieser Strecke des HW 5 gehen die rißeiszeitlichen Geländeformen in die in der Würmeiszeit entstandenen über.

Wegbeschreibung:

In **Biberach**, wo ein *halbes Dutzend WW des Schwäbischen Albvereins* aus allen Richtungen an den *HW 5* anschließen, richtet sich der HW vom *Marktplatz* aus nach SW und zweigt beim *Kreiskrankenhaus* nach links in den *W-Hang* des *Wolfenbachtals* ein. Am Fuß des *Laurenbühl* (623 m) erreicht der WW **Reute**; vom n Ortsrand, dem n Rand Rotenbachtal entlang, zum Furtweg, von dort nach W zum Heuweg und nach **Zweifelsberg**, dann nach S, um aus dem *Rotbachtal* zum *Schienenwald* und zur Höhe 633 m aufzusteigen. Vor *Zweifelsberg*, sö des Weilers und nö des *Ölweihers*, ist am Waldrand eine *keltische Viereckschanze*. Nach S schließt sich zwischen und im *Rotbachtal* eine einzigartige *Moorwanderung* an. – Von der *Höhe 633* dann öffnet sich ein weiter Ausblick auf die *Moränen* der jüngsten Eiszeit im S, auf das stark vermoorte *Rißtal* und auf die Schotter der *Niederterrasse* zwischen *Winterstettenstadt, Ingoldingen* und *Muttensweiler.* Am O-Rand des Oberen Schienenwaldes geht es hinunter nach **Steinhausen** (*Wallfahrtskirche* 1728–33 von Dominikus Zimmermann erbaut und schönste Dorfkirche Deutschlands; 1365 an Kloster Schussenried). Nach *Steinhausen* zunächst in Richtung S über die Straße nach *Ingoldingen*, zwischen einer Moränenlücke hindurch und kurz nach dem Abgang des *WW* zur *Schussenquelle* nach links hinauf auf den *Moränenwall* der *letzten Eiszeit*. Ihm folgt der Weg am *Buchbühl* (627 m) vorbei (Kreuzung mit dem WW Biberach-Schussenried) bis nach **Winterstettenstadt** (12. Jh. Siedlung am Fuß der Burg zur Stadt erhoben, 15. Jh. Verfall der Burg und Verlust Stadtstatus). Den *Schloßberg* krönen die teilweise wiederhergestellten Mauerreste, jetzt zu einem Wallfahrtsort umgestaltet. Inmitten der Mauerreste gibt eine große *Bildtafel* Aufschluß über den ehem. Bauzustand von Burg und Freier Reichsstadt.

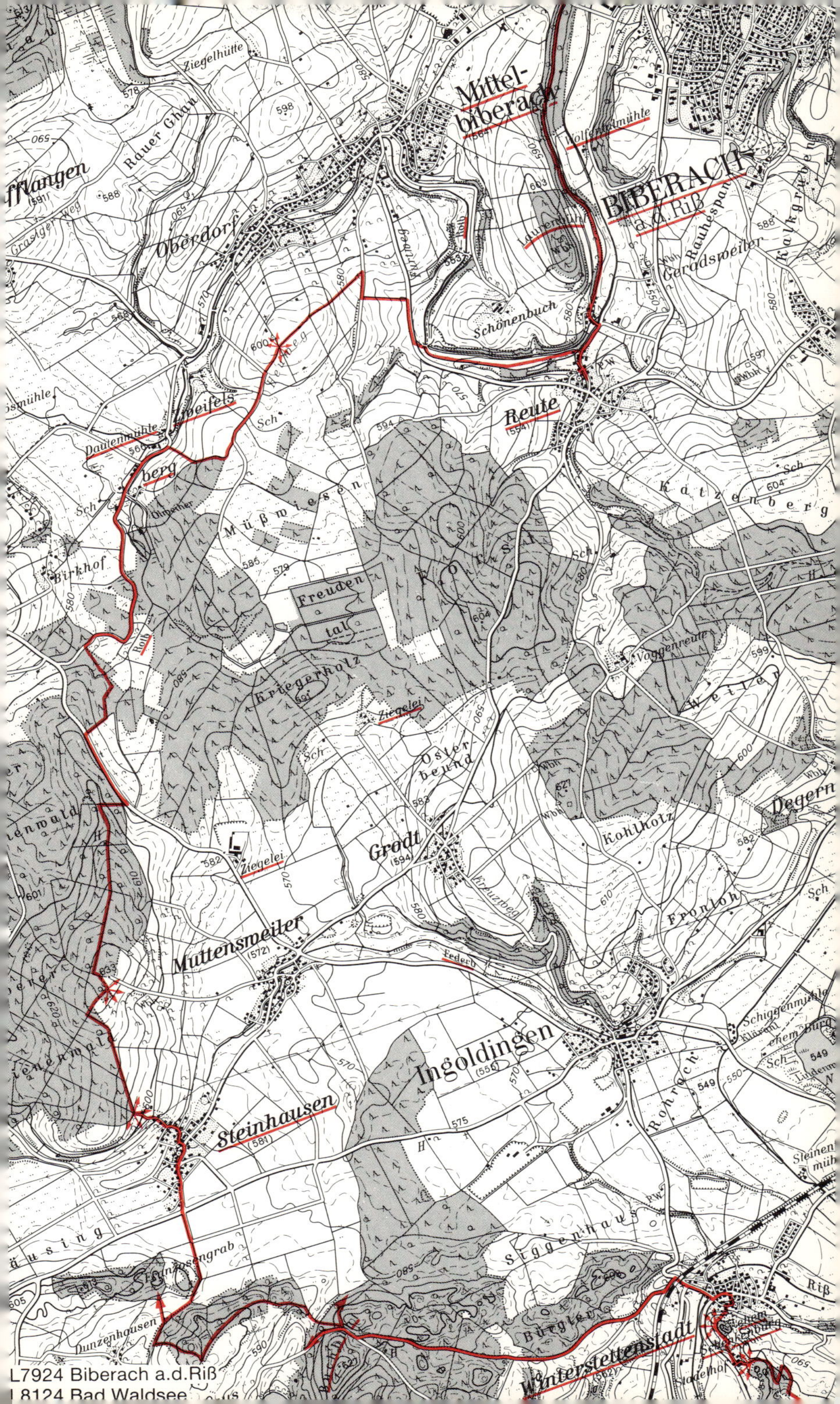

Mittel-biberach
Wolfentalmühle
BIBERACH
a.d. Riß
Geradsweiler
Ziegelhütte
Rauer Ghau
Oberdorf
Lauterbühl
Schönenbuch
Reute
Zweifels
berg
Daulenmühle
Birkhof
Müßmiesen
Freuden
tal
Katzenberg
Kriegerholz
Ziegelei
Vogelreute
Osterbeund
Grodt
Kohlholz
Degern
Muttensweiler
Fronloh
Ingoldingen
Schiggenmühle
Steinhausen
Siggenhaus
Franzosengrab
Dunzenhausen
Bürgeler
Winterstettenstadt
Rohrach
Riß
L7924 Biberach a.d.Riß
L8124 Bad Waldsee

10.1 Winterstettenstadt–Hittelkofen

Länge: 15 km; Wanderzeit: 4¼ Stunden

Landschaft: Beherrschend auf dieser Strecke ist der ungefähr N-S ziehende würmeiszeitliche Moränenwall mit dem nach O anschließenden »Riedtal«. W des Walls zieht das Tal der Riß (Ursprung der Riß bei Winterstettendorf; Ursprung der Alten Riß bei Michelwinnanden) in einem Bogen durch den Moränenkamm. Das Riedtal ist der breite Schwemmfächer, den die aus den Gletschertoren abfließenden Schmelzwasser vor dem Moränenzug aufgebaut haben. In Abständen von 1 bis 2 km folgen diese Tore aufeinander. Durch die Lücken, die sie im Moränenzug hinterlassen haben, überqueren ihn heute die O-W-Straßen. Ö des Riedtales die Altmoränen (Rißgletscher) des Hochgeländ. Im breiten Riedtal herrschen die Äcker vor. Kleinere Dörfer, Weiler mit stattlichen Höfen, auch große Einzelhöfe, weitgestreut, sind charakteristisch für das Siedlungsbild. Der Weg hat die Grenze der Donau-Ablach-Platten und der Riß-Aitrach-Platten zum oberschwäbischen und Westallgäuer Hügelland etwa bei Winterstettenstadt überschritten. Die Plattenregion kennzeichnet etwa das Gebiet der Altmoränen, die des Hügellands dasjenige der Jungmoränen.

Wegbeschreibung:

Vom *Rathaus* (mit 8 Wappen, 1024–1806, Ausdruck wechselvoller Geschichte) in **Winterstettenstadt** an der Kirche vorbei auf Fußweg steil bergauf zum Waldrand, wo Ausblicke auf die *Schotterterrasse*, das *Urstromtal der Riß*, das *Hochgeländ* dahinter, den nahe gelegenen Bogen der *Jungmoräne*, die *bewaldeten Höhen* der *Rißmoränen*, sich öffnen. Ein Abstecher von hier zur *Burgruine* ist lohnend. Zum **Stadelhof** fällt der Weg, um ö, die *Höhe 501* umgehend, wieder anzusteigen und am Wald führend die *Höhe 594* an der Straße nach *Winterstettendorf* zu erreichen. Diese wird überquert, 200 m weiter geht es im rechten Winkel nach SO auf einem Grasweg den Waldrand entlang. Bis ö der Mitte *»Wildes Ried«* verläuft der WW am Wallfuß mit reizvollen *Ausblicken* auf das Ried (Birken, Bergkiefern, Kiesgruben, Torfstiche). Von der Straße *Oberessendorf–Wildes Ried* setzt er sich auf dem *Moränenkamm* inmitten herrlicher Nadelholzwälder bis zur *B 30* fort. Der WW quert diese nach einer Spitzkehre und begleitet sie auf einem Nebenweg nach O auf etwa 300 m. Vor einem steilen Anstieg geht es im rechten Winkel im Wald nach S. Ö von *Englerts* schöne Aussicht in das einstige Gletscherbecken. Ö von *Mattenhaus* biegt der Weg als Fußweg scharf nach O steil bergauf nach **Kohhaus** ab. In *»Schwende«* verläuft er etwa 30 m über den Wiesen von *Hifringen* mit Ausblicken nach N. Ö von *Hopfenweiler* winkelt der Weg in kurzen Abständen um fast 360°, verläßt den Moränenkamm und erreicht den Waldrand vor dem *Riedtal*. Das fast 1,5 km breite Ackerland wird überquert, dann geht es auf der Durchgangsstraße *Haisterkirch-Osterhofen* bis zur Zimmermannsplatzstraße in **Hittelkofen**.

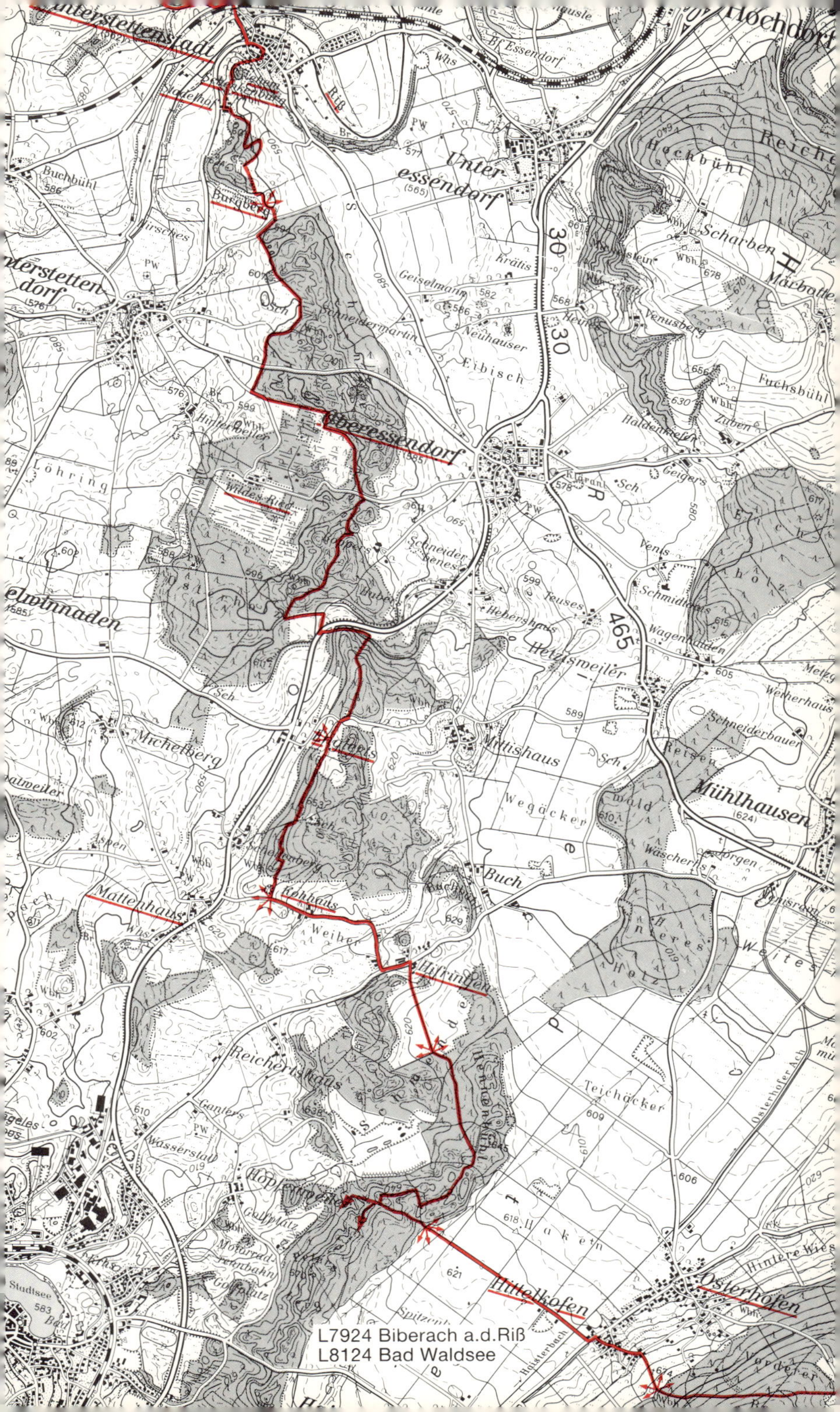

L7924 Biberach a.d.Riß
L8124 Bad Waldsee

10.2 Hittelkofen–Bad Wurzach

Länge: 11 km; Wanderzeit: 3¼ Stunden

Landschaft: Das von altglazialen Moränen umschlossene »Wurzacher Ried«, mit Zugangszone zwischen Haidgau und Ziegelbach, und dem nach S ziehenden Tal der Wurzacher Ach sind Mittelpunkt dieser Wanderstrecke. Das Ried war ursprünglich ein aus dem Schmelzwasser des Argengletschers aufgestauter See, der nach und nach verlandete. Eingeleitet wurde dieser Vorgang durch Abfluß des Wassers über das Tal der Wurzacher Ach. Das während der Sommermonate abfließende Schmelzwasser hat eine etwa 50 m dicke Kiesschicht vor und unter dem Ried abgelagert. Die Kiesgruben in der Haidgauer Heide bezeugen den Abbau dieses geschichteten Materials. Die alteiszeitlichen Moränen, die das Wurzacher Becken umsäumen, erreichen Höhen bis über 760 m NN. Ihre Kammlagen sind bewaldet. Birken kennzeichnen das Moorland. Der Torf wird zu Torfmull, Badetorf, Torfdünger (Haidgauer Torfwerk) verarbeitet.

Wegbeschreibung:

In **Hittelkofen** folgt der Weg der *Zimmermannsplatzstraße* und zieht sich hinauf zur *Höhe 674*. Auf dem *»Vorderen Berg«* steigt der Weg auf über 740 m, um dann nach **Graben** zu fallen und zur *»Grabener Höhe«* (754 m) wieder zu steigen. Nö vom *Parkplatz* an der Straße schließt ein *Gehölz* mit einer verlassenen *Kiesgrube* an, in der ein *Spiel- und Rastplatz* eingerichtet ist, vom SO-Rand bietet sich ein weiter *Ausblick* auf Alpenvorland und Alpen. Das *Wurzacher Ried* breitet sich mit einer Länge von nahezu 7,5 km und einer Breite von etwa 3 km am Fuße dieser Höhe aus. Von der *Grabener Höhe* ist eine Asphaltstraße, an der **Wengen** liegt und die sich bis »Riedschmiede« erstreckt, leider nicht zu umgehen. Doch dann entschädigt eine etwa 4 km lange Wanderung durch das *Ried* alle vorherige Pein. Zuerst geht es auf einem Kiesweg zum *Ziegelbacher Ried* und durch dieses auf einem Fußpfad über *Stege* und *Brücken, Bohlen und Knüppel* durch *hohes Schilf* an Birken und Nadelholzgruppen vorbei. Nach etwa 1 km führt der Weg am *Rand des Rieds* vorbei. Bei *Höhe 652* biegt er dann fast im rechten Winkel nach links nach NW, in Richtung auf das *Wurzacher Ried* ab. Nach etwa 350 m schwenkt er nach NO, auf über 2 km, ein. Auf dem ersten Kilometer geht es vom Kiesweg bei *Höhe 651* (über die Brükke gehen) auf einem *Fußpfad* der n des Baches (Nebenarm der Wurzacher Ach) liegt, weiter. Dieser Pfad berührt den *Torfstichsee* (Moorfreibad), mündet dann in einem *Trimmpfad*, der am großen *Parkplatz* beim *Hallenbad*, fast gegenüber den *Kuranlagen* von **Bad Wurzach**, endet. (1675–1903 Residenz der Waldburg-Zeil; *Neues Schloß* 1723–1728; im *älteren Schloß* nur ein Flügel erhalten, heute *Salvatorianerkolleg; Kirche,* 1776, klassizistischer Stil; seit 1948 *Moorbad*). Der *WW* folgt zunächst der B 465, biegt zum *Marktplatz* mit *Schloßbrunnen, Schloß* und *Amtshaus* ab, führt dann an *Fachwerkhäusern* vorbei zur *Kirche* und führt, vor dem *Kurzentrum* auf dem *Reischberg* nach SO in Richtung *Greut*.

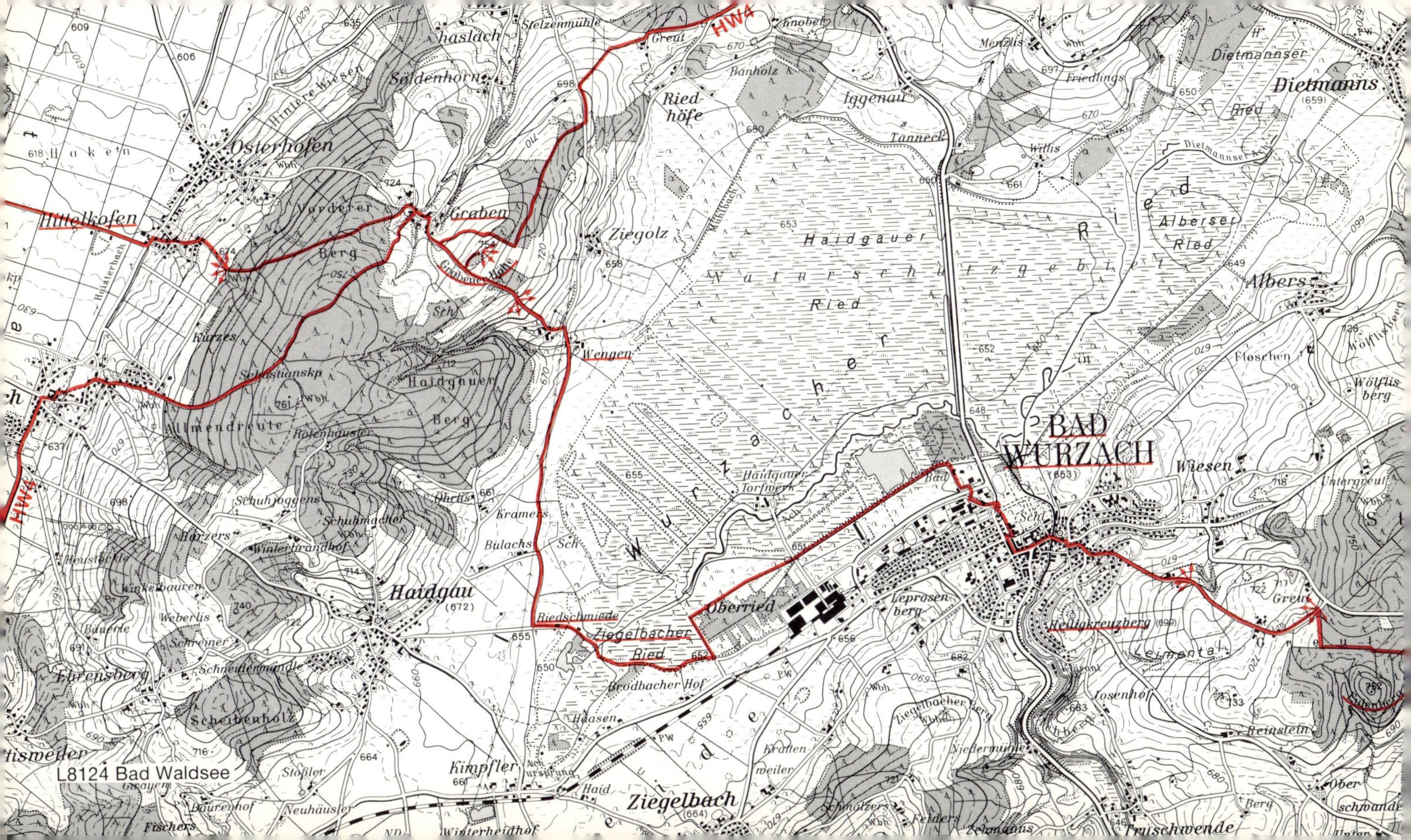
BAD WURZACH
Haidgauer Naturschutzgebiet Ried
Wurzacher Ried
Alberser Ried
Dietmanns
Dietmannser Ried
Albers
Wiesen
Heiligkreuzberg
Leprosenberg
Oberried
Ziegelbacher Ried
Riedschmiede
Haidgau
Ziegelbach
Kimpfler
Haidgauer Berg
Wengen
Ziegolz
Riedhöfe
Iggenau
Tanneck
Banholz
Graben
Vorderer Berg
Osterhofen
Hittelkofen
Söldenhorn
Allmendreute
Scheibenholz
Ehrensberg
Brodbacher Hof
Haidgauer Torfwerk
Trauchwende
Reinstein
Josenhof
Leimental
Greut
Niedermühle
Ziegelbacher Berg
HW4
L8124 Bad Waldsee

11 Bad Wurzach–Leutkirch

Länge: 17 km; Wanderzeit: 4¾ Stunden

Landschaft: Ausgedehnte Waldgebiete erstrecken sich über Altmoränen, die Höhen von 780 m NN überschreiten. Umsäumt werden sie vom Tal der Wurzacher Ach, die U-förmig (nach N geöffnet) verläuft und nö von Leutkirch in die Aitrach mündet. S der Wurzacher Ach erstreckt sich die Leutkircher Heide. Leutkircher Heide, Riedtal und Haidgauer Heide gelten als Schwemmland der Jungeiszeit (die Heide um Leutkirch haben die Schmelzwasser des Argengletschers aufgebaut). Diese kies-sandigen Flächen mit geringer Neigung säumen den Fuß der würmeiszeitlichen Moräne, die sich etwa von Großholzleute über Diepoldshofen, Wolfegg, Haisterkirch, Steinhausen, Saulgau erstreckt. In der Nähe des Terrassenrandes zum Tal der Wurzacher Ach wird in großen Gruben Kies und Sand abgebaut. Auf der Heide weit gestreut sind große Bauernhöfe. Der fruchtbare Boden hat die Landwirtschaft begünstigt.

Wegbeschreibung:

Etwas über 100 m Höhe sind von **Wurzach** bis zum Waldteil *»Greut«* n des Eulenbergs zu überwinden. Dabei sind die Ausblicke nach NW besonders genußreich. Ausgangspunkt in *Wurzach* ist die *»Vorstadtstraße«* mit Wegtafel *»Gospoldshofen«*. 150 m danach, an der *Straßengabel*, geradeaus weiter. Am Waldrand *»Greut«* angekommen, diesem etwa 150 m nach S entlang (weiter *Ausblick*), dann geht es nach links (O) in den Wald und auf geradem Weg, n Eulenberg (752 m), zuerst eben, dann steil bergab in ein sumpfiges Gebiet (*Nogelesgraben*, mit Pappeln und Birken, kurzes Wegstück) und hinauf zur Straße *Bad Wurzach–Seibranz* (s des *Fischweihers*; Allgäu- und Alpenblick). Über **Wengenreute** schwenkt der Weg am O-Ausgang des Dorfes ins Tal des *Gospoldshofer Bachs* und nach **Gospoldshofen** (675 m). Aus dem Dorf steigt der Weg nach O steil auf 750 m an, zieht auf der *Talschulter* des Bachs nach SO, überquert s der *Butzenmühle* seinen Oberlauf und bleibt über **Starkenhofen** bis zum *Wachbühl* (791 m, großer *Rastplatz* um eine Hainbuche mit bestechendem Blick auf Alpen, ihr Vorland und Allgäu). Nach **Lampertsried** und durch den herrlichen Wald *»Lampertsrieder Einöde«* verläuft der Weg gerade bis zum Hang ins Tal nach *Brunnentobel*. An der ersten Kurve des Talweges befindet sich ein kleiner *Rastplatz* mit Blick auf *Schloß Zeil* (1123 erstmals genannt; im Besitz des Fürsten von Waldburg-Zeil; das heutige Schloß große Vierflügelanlage, 1598 begonnen, 1608 die Schloßkapelle geweiht, Rokokoausstattung). Nach weiterem Abstieg geht es nach **Brunnentobel** und dem Tal folgend nach **Hebrazhofen**. Über das Tal der *Wurzacher Ach* und dessen *Südterrasse* (große Kiesgruben) durch die *Leutkircher Heide*, zwischen Wiesen und Weiden hindurch, an stattlichen *Bauernhöfen* vorbei über die *Zeppelin-* und *Öhlmühlstraße* sowie den *Dammweg* zum Stadtkern von **Leutkirch** (siehe 12.1 Wegbeschreibung).

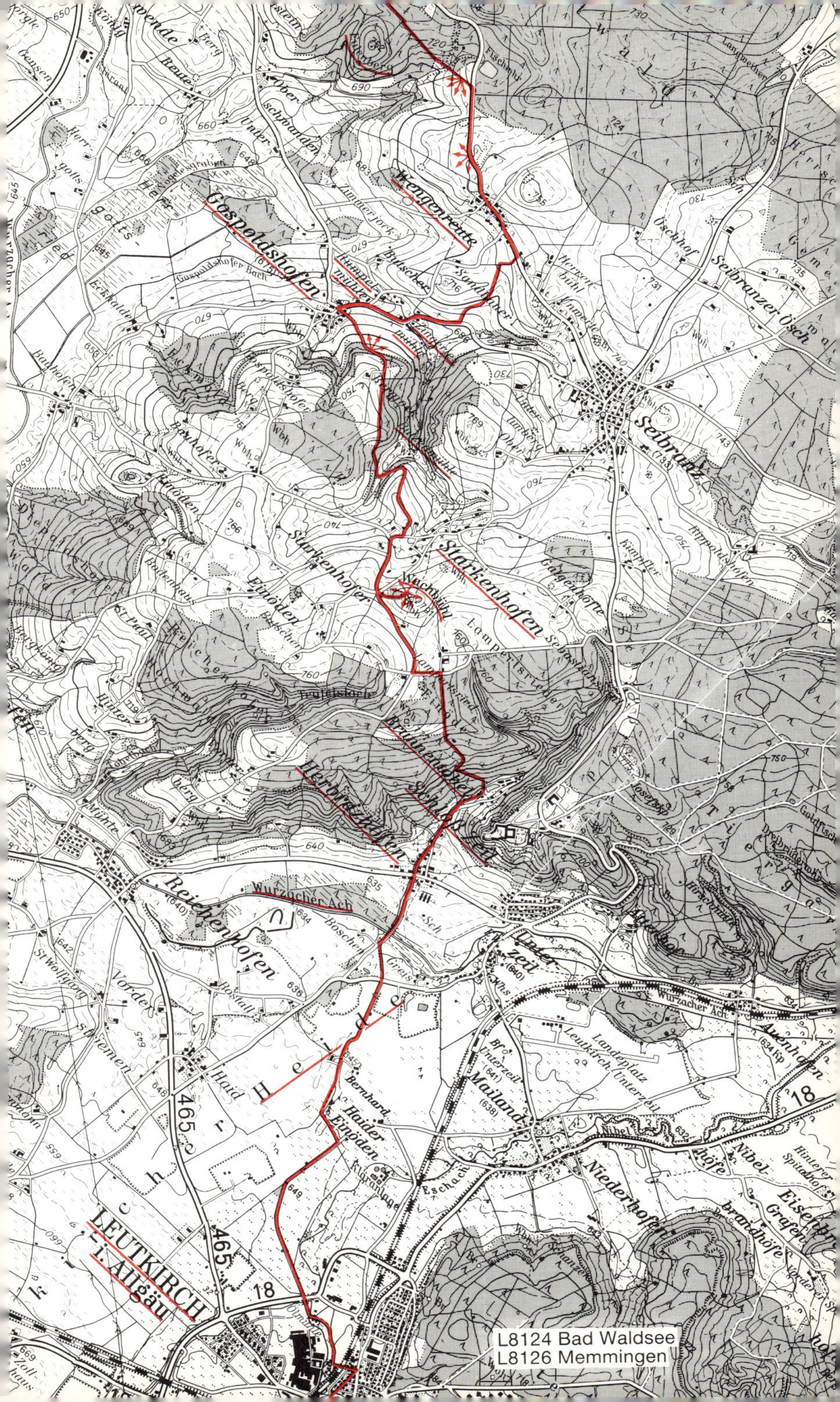
L8124 Bad Waldsee
L8126 Memmingen

12.1 Leutkirch–Rimpach

Länge: 15 km; Wanderzeit: 4¼ Stunden

Landschaft: Drei in N-S verlaufende verschiedene Landschaftszonen befinden sich in dem Gebiet des WW: Im W das Becken und die Moränen des nach N weitesten Vorstoßes des Argengletschers (Würmeiszeit) mit zahlreichen Seen, Mooren und Wäldern; ö davon ein bis etwa 2 km breites Tal mit Rauns und Eschach sowie Leutkirch mit Kern auf einer Terrasse; noch weiter im O der N-Teil kuppig mit Seen (rißeiszeitlich), Mooren und Wald; der S-Teil eben (Schotter- und Moränenflächen) mit dem alles überragenden Vogelberg (790 m). In dem breiten Tal haben die Eisenbahnlinie Leutkirch–Isny und die Straße einen bequemen Durchgang gefunden. Die wenigen Siedlungen im Tal haben sich auf Randterrassen zurückgezogen.

Wegbeschreibung:

Vom Bahnübergang in **Leutkirch** (654 m; 1293–1802 *Freie Reichsstadt*, 1739–41 kath. *Martinskirche*; 1514–19 der *Neue Bau*, 1620 das alte Zunfthaus der Leinwandhändler; *Schlößchen Hummelsburg*, 1636, Reste der *Stadtbefestigung Bock- oder Blaserturm, Pulverturm*) bis zur *Abzweigung* der Straße nach *Herlazhofen* und auf dieser 1,5 km nach S, zuerst auf einem Gehweg, dann auf Grasrand bis zur *Einmündung des Weges* von **Haslerhöfe**. Auf ihm zur *Brücke* über die *Rauns* nach **Spitzenrain**. Dort biegt der Weg nach SO und auf einen *Hang* ab (weiter *Rundblick*) und führt über den W-Teil von **Herlazhofen** (696 m) hinunter zum *Nellenbach*. Über die *»Viehweide«*, zwischen *»Steiler Riedbrand«* und *»Missen«* (Flurnamen!) streicht der Weg nach S bis zur Straße *Urlau-Winnies*, auf ihr 800 m nach rechts (nach W), dann nach links (nach S) zum O-Rand *Badsee*, durch **Beuren** und **Lengertshofen** zur *Schwedenschanze* und zum Wald *Bantenholz*. Bereits kurz vor dem Waldrand, w der Kiesgrube und dem *Unteren Moos*, schlängelt sich der Weg eben zwischen neuaufgestockten Waldbeständen auf moorigem, nassem Boden. Kurz vor der *Eisenbahnbrücke* der Strecke *Leutkirch–Isny* tritt der Weg aus dem Wald und trifft danach auf die *Straße Leutkirch–Isny*. Vor dem *Straßendamm* muß nach links (nach N) ein *Umweg* in Kauf genommen werden. Auf ihm und nach Überqueren der Straße kommt man nach **Rimpach** (704 m), einem freundlichen Ferienort zwischen dem *Eschachtal* im N und dem Tal der *Unteren Argen* im S, am Fuße des *Rimpacher Waldes*.

LEUTKIRCH
i. Allgäu
(654 evangelische Kirche)
Weipoldshofen
Zollhaus
Taufenhofen
Einöden
Haslerhöfe
Bartleshof
Üschhöfe
Ziegelstadel
Oberer Wald
Herlazhofen
Großenbauer
Ahmishofen
Grünenbach
Haselburg
Urlau
Unterösch
Missen
Tann
Urlau-Oberösch
Bottentann
Hinznang
Friesenhofen
Unterspießwengen
Oberspießwengen
Boschen
Bahnhof Friesenhofen
Gr Ursee
Kl Ursee
Rimpach
Haubach
L8124 Bad Waldsee
L8324 Wangen
L8126 Memmingen
L8326 Kempten

12.2 Rimpach–Schwarzer Grat (AT)-Großholzleute

Länge: 10 km; 4 km;

Wanderzeit: 3 Stunden; 1¼ Stunden

Landschaft: Die Wanderung geht durch die vielgliedrige Landschaft: im O, wo der HW 5 verläuft, der Bergstock Adelegg, tief und stark von Klingen, Tobeln und Tälern zersägt und zerfurcht (hoher Niederschlag, weiches Gestein), ohne Moore, Weiher, Seen, Moränen, Kiesgruben, Torfstiche; er ist aus Molasse wie der Rangenberg (828 m) und der Aigeltshofer Berg (797 m) w davon. W des WW befindet sich das Stromtal der Schmelzwasser der würmeiszeitlichen Gletscher, und noch weiter w zeigt sich der Moränenkamm der Jungeiszeit, in dem bei Isny eine breite Lücke klafft. Das Tal der Unteren Argen umläuft das Stadtgebiet von Isny. Der Bergzug Adelegg ist bewaldet und steigt von N nach S auf über 1000 m an.

Wegbeschreibung:

Von **Rimpach** (704 m), am N-Rand des *Rimpacher Waldes* führt der Weg nach **Ellmeney** (794 m), etwa an der Grenze zwischen älterer Schotterfläche und Molasse. In einem weiten Bogen nach O wird über **Halden** der Waldteil »Langholz« n und sö (n Talkante des Wagenbachs) bis zur Gollenkapelle (970 m) umgangen. Über **Herrenberg** (910 m) bleibt er auf dem *Bergkamm* und benutzt die neuangelegten Forstwege. Im Auf und Ab des Geländes, meist im Wald, leitet der Weg über die *Rudershöhe* (1009 m) langsam zur *Wegmannshöhe* (1032 m) mit *Hütte* (1024 m, im O der Waldwiese, etwa 100 m vom HW 5 entfernt Ausblick auf den Turm des Schwarzen Grates und die Alpen) bergauf. Über *Ochsenkapf* (1012 m), *Zengerles Kapelle, Hohkopf* (1035 m) bis zum **Turm** (Bodenhöhe 1118 m) werden noch etwa 1¼ Stunden benötigt (der *Aussichtsturm des Schwäbischen Albvereins* auf dem östlichsten Punkt des Schwarzen Grats hat eine wechselvolle Geschichte: 1928 übernahm der SAV von der Alpenvereins-Sektion Leutkirch das Holztürmchen von 1905, im Herbst 1967 wurde das Türmchen durch Blitzschlag zerstört; 1970 konnte mit dem Bau des neuen Turmes begonnen werden; 1971 wurde der 28 m hohe AT eröffnet). Über den *Schwarzen Grat* (HW 5 und HW 9 zusammen) geht es zurück und über die *Schletteralm* (jetzt aufgeforstet; der Schwäbische Albverein hat sich lange um den Erhalt der einzigen Alm auf württembergischem Gebiet energisch bemüht) nach **Großholzleute** (723 m, anziehender Ferienort) ins Tal der *Unteren Argen* hinunter. Der *HW Heuberg–Allgäu* verbindet *Großholzleute* mit **Isny** – Wanderstrecke: 4 km; Wanderzeit: 1¼ Stunden, außerdem Bahnverbindung – (*spätröm. Kastell* bei *Kleinhaslach* und *Hof Bettmauer*, n der römischen Fernstraße Bregenz–Kempten mit Argenübergang bei Nellenbruck. 1281 *Stadt*; 1665–1806 Freie Reichsstadt, ev. Stadtkirche 1284). **Isny** hat sich sein *mittelalterliches Stadtbild* weitgehend erhalten, u. a. umfangreiche *Reste der Stadtbefestigung* mit *Wassertorturm* (15. Jh.), *Espanturm* und einigen *Wehrtürmen*; das *Rathaus mit Arkaden* (1684), schöne *Patrizierhäuser.*

Bahnhof Friesenhofen
Boschen
Unteres Moos
Emerlander Mühle (Stift)
Schmidsfelden
Häfelismald
Rimpach
Ellmenen
Rimpacher Wald
Oberhofen
Fallenen
Albrechtshof
Rohrdorf
Blockwiesen
Rengers
Rohrwies
Ratzenhofen
Achen
Weidach
Waidach (Rohrwies)
Eisenbach
Eisenbacher Wald
Rotenbach
Wehrlang
ISNY im Allgäu
Kleinhaslach
Römerkastell
Burkwang
Dürrenbach
Buchenstock
Aussichtspunkt
HW5
HW9
Ziegelstadel
Kleinholzleute
Lochmühle
Großholzleute
Überruh
Bolsternang
Untere Argen
Wolfbühl
Spitalhof
L8326 Kempten (Allgäu)

Flurnamen

Flurnamen und Ableitungen	Erklärungen
Asang	abgesengte Stelle
Asch	Verbrennungsrückstand, Fischart
Aspenhau	Espe-Waldabteilung
Auchtert	Weideplatz
Baar	Landschaftsname; offene Gegend
Breit, Breite	ausgedehntes Feld, größeres Maß Ackerland, nicht selten: Esch, Zelg
Brennt	Brand, meist im Sinne der Rodungsart
Bühl	Hügel
Burr, Burren	Kleiner Hügel
Bussen	Hügel
Esch	Fruchtfeld, Zelg
Felge, Felgen	Umkreis, Wagenrad
Grieß	Kies, Sand
Hag, Hagen	Hecke, Zaun
Hart, Härt	Weidewald
Heide	offenes Land
Herr	Beziehung zur Herrschaft
Kapf, Käpfle	Bergkuppe
Kobel	Kasten, Haus; Mauer; Berghöhe
Laurenbühl	Hinterhalthügel
Mart	Pferd, Streitroß
Mark, Marke	Grenzzeichen, Grenze, Markung
Mies	Moos, Moor
Miß, Müß, Müsse	Sumpf, Wald, Hochmoor
Moos	Flechte, Moor, Sumpf
Ried	Sumpf
Schachen	einzelnes Waldstück, Waldzunge, -saum
Schelmen	Aas, Dieb
Schlat	Sumpfgras
Schorr	schroffer Fels
Schwaig, Schweig	Viehhof, Platz der Herde
Wert	wasserbespültes Landstück
Wang	gerundete Erhebung; leichtgeneigte Flur

Ortsnamen-Endsilben	Siedlungsraum	Zeitraum
-ingen; -heim	*Altsiedelland;* ertragreichste Böden	um 5. Jh.
-dorf; -hausen; -hofen; -stetten; -weiler	*älteres Ausbauland* geringere Bodenqualität	6.–10. Jh. 6./7. Jh. Mehrzahl der Siedlungen
bis dahin siedlungsleere Waldgebiete, Schwarzwald u. Odenwald; Verdichtung früher besiedelter Waldgebiete	*jüngerer Ausbau*	ab 10. Jh. bis 14. Jh.

Informationen

1. *Gaststätten*
   Bürgermeisterämter
   Landesfremdenverkehrsverband Baden-Württemberg; Bussenstraße 23; 7000 Stuttgart 1
2. *Wanderheime,* Wanderführer, Wanderbücher, Karten
   Schwäbischer Albverein; Hospitalstraße 21 b; 7000 Stuttgart 1
3. *Wanderheime*
   Touristenverein »Die Naturfreunde«; Neue Straße 150; 7000 Stuttgart 1
4. *Jugendherbergen*
   Jugendherbergswerk; Landesverband Schwaben; Urachstraße 37; 7000 Stuttgart 1

Wanderpaß, Schwäbischer Albverein
HW 5, Schwarzwald – Schwäbische Alb – Allgäu

Name .... Vorname ....

Straße .... PLZ .... Wohnort ....

WStr. 1.1 14 km; 4 Std. Pforzheim – Steinegg	**WStr. 4.2** 8 km; 2¼ Std. Käpfle/Alteburg – Pfullingen
WStr. 1.2 14 km; 4 Std. Steinegg – Weil der Stadt	**WStr. 5.1** 16 km; 4½ Std. Pfullingen – Kleinengstingen
WStr. 2.1 15 km; 4¼ Std. Weil der Stadt – Ehningen	**WStr. 5.2** 9 km; 2½ Std. Kleinengstingen – Sternberg/WH
WStr. 2.2 16 km; 4½ Std. Ehningen – Herrenberg	**WStr. 6.1** 11 km; 3¼ Std. Sternberg/WH – Hundersingen
WStr. 3.1 16 km; 4½ Std. Herrenberg – Hohenentringen	**WStr. 6.2** 7 km; 2 Std. Hundersingen – Burg Derneck/WH
WStr. 3.2 11 km; 3¼ Std. Hohenentringen – Tübingen/Lustnau	**WStr. 7.1** 14 km; 4 Std. Burg Derneck – Obermarchtal
WStr. 4.1 15 km; 4¼ Std. Tübingen/Lustnau – Käpfle/Alteburg	**WStr. 7.2** 12 km; 3½ Std. Obermarchtal – Bussen/Offingen

WStr. 8.1 11 km; 3¼ Std. Bussen/Offingen – Ahlen	**WStr. 11** 17 km; 4¾ Std. Bad Wurzach – Leutkirch
WStr. 8.2 14 km; 4 Std. Ahlen – Biberach a. d. Riß	**WStr. 12.1** 15 km; 4¼ Std. Leutkirch – Rimpach
WStr. 9 20 km; 5¾ Std. Biberach a. d. Riß – Winterstettenstadt	**WStr. 12.2** 10 km; 3 Std. Rimpach – Schwarzer Grat
WStr. 10.1 15 km; 4¼ Std. Winterstettenstadt – Hittelkofen	**WStr. –** 4 km; 1¼ Std. Schwarzer Grat – Großholzleute
WStr. 10.2 11 km; 3¼ Std. Hittelkofen – Bad Wurzach	**WStr. –** 4 km; 1¼ Std. Großholzleute – Isny

Die besonderen Wanderführer in der Reihe Natur Heimat Wandern

Herausgegeben vom Schwäbischen Albverein. Folgende Bände sind erhältlich (Reihe wird laufend fortgesetzt):

H. Binder
Höhlenführer Schwäbische Alb
200 S., 33 Zeichnungen und Kartenskizzen. 32 Kunstdrucktafeln, davon 8 in Farbe. Plastikeinband.

Albuch – Härtsfeld – Ries
192 S., zahlreiche Zeichnungen sowie eine vierfarbige Wanderkarte. Plastikeinband.

Heidenheim – Dillingen – Donauwörth
256 S., zahlreiche Zeichnungen sowie eine vierfarbige Wanderkarte. Plastikeinband.

Kaiserberge und Geislinger Alb
200 S., zahlreiche Zeichnungen sowie eine vierfarbige Wanderkarte. Plastikeinband.

In Ulm und um Ulm herum
256 S., 54 Zeichnungen sowie eine vierfarbige Wanderkarte. Plastikeinband.

Reutlinger und Uracher Alb
216 S., zahlreiche Zeichnungen sowie eine vierfarbige Wanderkarte. Plastikeinband.

Schurwald – Esslingen – Filder
176 S., 50 Abbildungen und Kartenskizzen. Kartoniert.

Schönbuch – Tübingen – Rammert
200 S., zahlreiche Zeichnungen sowie eine vierfarbige Wanderkarte. Plastikeinband.

Südliches Oberschwaben – Bodensee
184 S., zahlreiche Zeichnungen sowie eine vierfarbige Wanderkarte. Plastikeinband.

Südöstliches Oberschwaben – Westallgäu
232 S., zahlreiche Zeichnungen sowie eine vierfarbige Wanderkarte. Plastikeinband.

Naturpark Obere Donau
216 S., zahlreiche Zeichnungen sowie eine vierfarbige Wanderkarte. Plastikeinband.